艾德生 主编

曾艳 郭玉凤 孔翦 周玉杰 副主编

《高等学校实验室安全检查项目表》要点解读

清华大学出版社
北京

内 容 简 介

本书依照国家法律法规与标准规范，结合编者多年的实验室安全管理实践经验，对教育部近年来推行的《高等学校实验室安全检查项目表》（以下简称《检查项目表》）进行了详细解读，从本书中读者可以了解到《检查项目表》中关于实验室安全管理体系和化学、生物、辐射、机电等专业实验室安全检查要点及其出处或制定依据，从而加深对安全检查要点的理解，促进实验室安全管理水平的提升。本书理论与实践相结合，引用最新政策与标准规范，高校及科研院所的安全管理技术人员与管理干部，进入实验室工作的教师与学生及其他相关行业的安全管理人员均可参考使用。

版权所有，侵权必究。举报: 010-62782989, beiqinquan@tup.tsinghua.edu.cn。

图书在版编目(CIP)数据

《高等学校实验室安全检查项目表》要点解读/艾德生主编. —北京: 清华大学出版社, 2024.1 (2025.1重印)
ISBN 978-7-302-65089-8

Ⅰ. ①高… Ⅱ. ①艾… Ⅲ. ①高等学校－实验室管理－安全管理 Ⅳ. ①G642.423

中国国家版本馆 CIP 数据核字(2024)第 006378 号

责任编辑: 王　欣
封面设计: 常雪影
责任校对: 欧　洋
责任印制: 刘　菲

出版发行: 清华大学出版社
　　　网　　址: https://www.tup.com.cn, https://www.wqxuetang.com
　　　地　　址: 北京清华大学学研大厦A座　　邮　编: 100084
　　　社 总 机: 010-83470000　　　　　　　　　邮　购: 010-62786544
　　　投稿与读者服务: 010-62776969, c-service@tup.tsinghua.edu.cn
　　　质量反馈: 010-62772015, zhiliang@tup.tsinghua.edu.cn
印 装 者: 三河市君旺印务有限公司
经　　销: 全国新华书店
开　　本: 170mm×240mm　　印　张: 12.25　　字　数: 197千字
版　　次: 2024年1月第1版　　　　　　　　　印　次: 2025年1月第6次印刷
定　　价: 68.00元

产品编号: 101139-01

编委会

主任

杨海英　曾　嵘

副主任

曾　艳　艾德生

编写人员（按姓氏首字母拼音排序）

艾德生　郭　婷　郭英姿　郭玉凤　郭　筠　江　轶

金鏐洋　孔　翦　李冰洋　李　晖　李　款　李雨蔓

林旭平　刘宏娟　刘　玲　刘　鹏　马文川　苗豪梅

倪丽媛　沈子靖　孙其玉　王志鹏　王　谋　谢　维

曾　艳　周玉杰

前　言

党的二十大报告中强调,推进国家安全体系和能力现代化,坚决维护国家安全和社会稳定。"安全"一词,成为党的二十大报告中的高频词汇,与10年前的党的十八大报告相比,其频次增加最多,从36次增加到91次,由此可见,党和国家越发重视国家安全。

实验室是教学实践和科学研究的主战场,是全面实施综合素质教育和科技创新能力的重要场所,建设一流实验室是推进高校"双一流"建设的客观要求,而一流实验室最基础的保障是实验室安全。当前,随着高校教学科研水平的提高及学科建设的迅速发展,实验室建设投入不断增加,实验室有毒有害(剧毒、易制爆、易制毒、爆炸品等)化学品、危险(易燃、易爆、有毒、窒息)气体、动物及病原微生物、辐射源及射线装置、同位素及核材料、机械加工等危险性装置、强电强磁与激光设备、特种设备等重要危险源的数量与种类不断增加,但很多高校的实验室安全管理体系不够完善,尚存在责任体系不落实、教育培训不系统、基础设施不适宜、安全技防不到位等问题,导致实验室安全面临巨大压力和挑战,安全事故也时有发生,对人才培养与科学研究工作造成了一定的负面影响。

教育部自2015年启动全国实验室安全检查后,于2016年编制了《高校科研实验室安全检查对照表(2016年)》,并以此为依据开展检查,自2017年起修订为《高等学校实验室安全检查项目表》。持续多年的安全检查对高校实验室安全水平的提升起到了重要的推动作用,在逐步落实责任体系的基础上,当前全国高校实验室安全管理整体迈入了科学化管理阶段。

《高等学校实验室安全检查项目表》自推出之后,教育部组织专家每年根据相关政策的调整、标准及规范的更新、实践中发现的问题、师生的反馈等多方面的意见和建议不断进行修订。自2019年起,清华大学按教育部要求主持修订起草工作,修订完成后提交给教育部高等学校科学研究发展中心(原教育部科技发展中心)组织专家审核,然后提交并由教育部科学技术与信息化司定稿。2021年,教育部高等学校科学研究发展中心委托清华大学开展"高校实验室安全管理制度与标准体系建设"课题研究,对国内外高校实验室安全管理做了调研,研究了国家法律法规、国家标准、行业标准文件,结合高校实验室安全管理的具体要求,形成了实验室安全管理制度框架体系文件,制定了实验室安全管理制度要素标准,起草了实验室安全隐患定量分级标准、实验室生物废物处理标准、实验室安全准入教育标准、化学类实验室设计基础安全标准等的样本,并以此为基础,修订发布了《高等学校实验室安全检查项目表(2021年)》《高等学校实验室安全检查项目表(2022年)》,把检查内容按照条款项目等层次明确下来,结构更严谨、表达更清晰。2022年,教育部科学技术与信息化司委托清华大学开展课题"高校实验室安全管理制度与标准体系研究",重点内容包括:发布《高等学校实验室安全检查项目表(2023年)》并做重点解读(即为本书内容),起草《教育部直属高校实验室安全责任事故事件追责问责办法(试行)》《高等学校实验室安全规范》《高校危险化学品安全管理规范》《高等学校实验室安全分级分类管理办法》《高校科研项目安全分析报告模板》《高校实验室重大安全隐患判定指南》《高校生物类实验室建设规范》《高校辐射类实验室建设规范》等文件与规范,完成"高校化学安全基础""高校机电安全基础"等慕课脚本。可以说,本书的完成,离不开教育部科学技术与信息化司、教育部高等学校科学研究发展中心的支持。2023年3月30日,教育部发布了《教育部办公厅关于组织开展2023年度高等学校实验室安全检查工作的通知》(教科信厅函〔2023〕8号),《高等学校实验室安全检查项目表(2023年)》作为附件正式发布。2023年4月7日,教育部科学技术与信息化司、高等教育司在国家教育行政学院召开的"2023年高校实验室安全检查启动暨培训会"及"第二届高校实验室安全工作专题培训班"上,正式解读了《高等学校实验室安全规范》与《高等学校实验室安全检查项目表(2023年)》。

  本次修订除编辑性修改外,主要技术修订如下:管理政策要求的变化;用词规范化,如个人防护改为个体防护、钢瓶改为气瓶、放射性物质的采购改为转让;分类更清晰,将危险化学品库和危险废物库分开;部分专业技术要点的更新,如对特种设备的检查要点做了大幅度修订。本次对安全检查条目进行解读,给出了每个检查要点的出处或制定依据,用以加深对安全检查要点的理解,促进安全技术的应用和安全水平的提升。应该说,实验室安全涉及很多方面,单纯应对检查不能实现本质安全的目标,必须全面理解安全的要求和原理,才能全面推进实验室安全工作的开展。检查条目只点出了常见问题,更多安全规范的细节需要对照法律、法规、标准、规范的原文。本次解读对多数检查要点给出了法律、法规、标准、规范的原文来源,方便安全工作者深入学习和理解。

清华大学实验室管理处安全团队的管理岗与专业技术岗参与了《高等学校实验室安全检查项目表(2023年)》的修订及要点解读起草工作:责任体系、规章制度、安全检查部分由艾德生、郭英姿、郭玉凤修订;教育培训部分由周玉杰修订;安全准入部分由艾德生、郭玉凤、周玉杰起草;实验场所、安全设施、基础安全部分由沈子靖修订;化学安全部分由艾德生、郭玉凤、林旭平、刘鹏、李款、李雨蔓、郭婷、李冰洋等修订;生物安全部分由郭玉凤、刘宏娟、江轶、金鏐洋、马文川、孙其玉等修订;辐射安全与核材料管制部分由郭筠、谢维、艾德生修订;机电等安全、特种设备与常规冷热设备部分由李晖、王志鹏、王谋等修订,其中涉及特种设备部分的内容由郭玉凤、倪丽媛、王谋做了修改。修订起草完毕,郭玉凤汇总了修订稿,并逐一按国家法律法规和标准规范做了对比并整理了解读内容,周玉杰做了规范化编辑与校对,教育部高等学校科学研究发展中心的曾艳、孔蒴分别做了审核修订,艾德生做了统稿并在征求专家意见的基础上逐一做了修订并定稿。

本书的读者对象定位于高校实验室安全干部、基层安全管理人员、教师、学生等,也可以作为其他相关人员学习的参考资料。

本书的出版,是在清华大学分管实验室安全的校领导王希勤、曾嵘等的指导下完成的,并得到了清华大学"双一流"经费的支持。《高等学校实验室安全检查项目表(2023年)》收到了北京大学刘克新、北京理工大学史天贵、天津大学杨波、吉林大学席海涛、中国矿业大学吴祝武、北京化工大学刘骥翔、北京交通大学王魏、西安交通大学朱臻、华东理工大学蓝闽波、中国石油大学(北京)魏强等人提出的宝贵意见,也得到了全国高校同行尤其是参与全国高校实验室安全检查的专家支持,在此一并致谢。

期待本书对实验室安全工作起到积极的推动作用,不完善之处敬请广大读者提出宝贵意见。

编 者

2023年4月于清华园

目 录

1 责任体系 ·· 1
   1.1 学校层面安全责任体系 ··· 1
   1.2 院系层面安全责任体系 ··· 4
   1.3 实验室层面安全责任体系 ·· 6
   1.4 安全工作奖惩机制 ·· 7
   1.5 经费保障 ··· 8
   1.6 队伍建设 ··· 10
   1.7 其他 ·· 13

2 规章制度 ·· 14
   2.1 实验室安全管理制度 ·· 14
   2.2 实验室安全管理办法或细则 ····································· 15
   2.3 安全应急制度 ·· 16

3 教育培训 ·· 18
   3.1 安全教育培训活动 ·· 18
   3.2 安全文化 ··· 22

4 安全准入 ·· 24
   4.1 项目安全准入 ·· 24
   4.2 人员安全准入 ·· 24
   4.3 安全风险分析 ·· 25

5 安全检查 ·· 26
   5.1 危险源辨识 ·· 26
   5.2 安全检查 ··· 28

5.3	安全隐患整改	30
5.4	安全报告	31

6 实验场所 ... 32
- 6.1 场所环境 ... 32
- 6.2 卫生与日常管理 ... 43
- 6.3 场所其他安全 ... 44

7 安全设施 ... 47
- 7.1 消防设施 ... 47
- 7.2 应急喷淋与洗眼装置 ... 51
- 7.3 通风系统 ... 55
- 7.4 门禁监控 ... 58
- 7.5 实验室防爆 ... 60

8 基础安全 ... 64
- 8.1 用电、用水基础安全 ... 64
- 8.2 个体防护 ... 68
- 8.3 其他 ... 71

9 化学安全 ... 73
- 9.1 危险化学品储存区 ... 73
- 9.2 危险化学品购置 ... 75
- 9.3 实验室化学品存放 ... 79
- 9.4 实验操作安全 ... 87
- 9.5 管制类化学品管理 ... 89
- 9.6 实验气体管理 ... 95
- 9.7 实验室化学废弃物的收集、分类和转运 ... 101

10 生物安全 ... 109
- 10.1 实验室生物安全等级 ... 109
- 10.2 场所与设施 ... 110

目 录

- 10.3　病原微生物的获取与保管 ··· 115
- 10.4　人员管理 ··· 117
- 10.5　操作与管理 ·· 119
- 10.6　实验动物安全 ··· 122
- 10.7　生物实验废物处置 ··· 123

11　辐射安全与核材料管制 ·· 128
- 11.1　资质与人员要求 ·· 128
- 11.2　场所设施与采购运输 ·· 132
- 11.3　放射性实验安全及废物处置 ·· 135

12　机电等安全 ··· 141
- 12.1　仪器设备常规管理 ··· 141
- 12.2　机械安全 ··· 144
- 12.3　电气安全 ··· 145
- 12.4　激光安全 ··· 147
- 12.5　粉尘安全 ··· 148

13　特种设备与常规冷热设备 ··· 151
- 13.1　起重类设备 ·· 151
- 13.2　压力容器 ··· 157
- 13.3　场(厂)内专用机动车辆 ·· 163
- 13.4　加热及制冷装置管理 ·· 164

附录 A　主要参考文献 ··· 170
附录 B　常用安全标志 ··· 176

1 责任体系

1.1 学校层面安全责任体系

1.1.1 实验室安全工作纳入学校决策研究事项

（1）有学校相关会议（校务会议、党委常委会会议等）纪要；内容包含实验室安全工作。

《教育部办公厅关于开展加强高校实验室安全专项行动的通知》的主要任务之一"全面落实实验室安全责任体系"中指出："学校党委应统筹实验室安全工作，把实验室安全工作纳入学校事业发展规划中，成立实验室安全工作领导小组，制定实验室安全工作计划并监督实施。"

教育部《高等学校实验室安全规范》第五条"校级安全责任体系"中规定："（一）学校应统筹管理实验室安全工作，把实验室安全工作纳入学校事业发展规划。"

依据《教育部关于进一步推进直属高校贯彻落实"三重一大"决策制度的意见》《党政机关公文处理工作条例》等规章制度的相关条款，实验室安全工作属于"三重一大"的范畴，重要决策应在相关会议纪要中有记录，按党政机关公文规范要求正式发文，按公文格式要求应有发文字号。

1.1.2 有校级实验室安全工作责任人与领导机构

（2）有校级正式发文，明确学校党政主要负责人是第一责任人；分管实验室安全工作的校领导是重要领导责任人，协助第一责任人负责实验室安全工作；其他校领导在分管工作范围内对实验室安全工作负有支持、监督和指导职责；设立校级领导机构，明确其部门组成和工作职责，分管实验室安全工作的校领导为该机构负责人。

《中华人民共和国安全生产法》中关于安全负责人的规定：

第五条　生产经营单位的主要负责人是本单位安全生产第一责任人，对本单位的安全生产工作全面负责。其他负责人对职责范围内的安全生产工作负责。

第二十五条　生产经营单位可以设置专职安全生产分管负责人，协助本单位主要负责人履行安全生产管理职责。

《教育部关于加强高校实验室安全工作的意见》第五条"建立分级管理责任体系"中明确指出："建立分级管理责任体系。构建学校、二级单位、实验室三级联动的实验室安全管理责任体系。学校党政主要负责人是第一责任人；分管实验室工作的校领导是重要领导责任人，协助第一责任人负责实验室安全工作；其他校领导在分管工作范围内对实验室安全工作负有支持、监督和指导职责。"

《教育部办公厅关于开展加强高校实验室安全专项行动的通知》的主要任务第一条"全面落实实验室安全责任体系"中再次指出："学校党政主要负责人是第一责任人；分管实验室工作的校领导是重要领导人，协助第一责任人负责实验室安全工作；其他校领导在分管工作范围内对实验室安全工作负有支持、监督和指导职责。"

教育部《高等学校实验室安全规范》第五条"校级安全责任体系"中规定："（二）学校实验室安全管理工作坚持'党政同责，一岗双责，齐抓共管，失职追责'的原则。党政主要负责人是第一责任人，分管实验室工作的校领导是重要领导责任人，协助第一责任人负责实验室安全工作，其他校领导在分管工作范围内对实验室安全工作负有支持、监督和指导职责。（三）设立校级实验室安全工作领导机构，并明确人员和分工。"

依据《教育部关于进一步推进直属高校贯彻落实"三重一大"决策制度的意见》《党政机关公文处理工作条例》等规章制度的相关条款，实验室安全工作属于"三重一大"的范畴，实验室安全主管领导的任命属于重要事项，重要决策应在相关会议纪要中有记录，按党政机关公文规范要求正式发文，按公文格式要求应有发文字号。

1.1.3　有明确的实验室安全管理职能部门

(3) 明确牵头职能部门负责实验室安全工作，相关职能部门切实配合落实工作。

《教育部办公厅关于开展加强高校实验室安全专项行动的通知》的主要任务之

一"全面落实实验室安全责任体系"中指出:"各高校要明确一个职能部门牵头负责实验室安全工作,相关职能部门切实配合落实工作。"

教育部《高等学校实验室安全规范》第五条"校级安全责任体系"中规定:"(四)明确实验室安全主管职能部门、其他相关职能部门和二级教学科研单位(以下统称二级单位)实验室安全管理的职责,建立健全全员实验室安全责任制,配备足额的专职安全人员。"

各高校的实验室安全主管职能部门不尽相同,名称如实验室安全处、实验室安全与环保中心、实验室管理处、实验室设备管理部、实验室设备与安全处、国有资产处、国有资产与实验室安全管理处等。有的高校实验室体量相对较少,实验室安全管理职能部门便依托在保卫处、教务处、科技处等部门。

1.1.4 学校与院系签订实验室安全责任书

(4) 档案或信息系统里有现任学校领导与院系负责人签字盖章的安全责任书。

根据《中华人民共和国安全生产法》,落实安全生产责任制。

教育部《高等学校实验室安全规范》第五条"校级安全责任体系"中规定:"(五)与各相关二级单位签订实验室安全责任书。"

院系领导经常是"双肩挑"类型,人员更替也很常见。作为院系安全的第一责任人,签署实验室安全管理责任书,明确具体责任、义务和要求,对确保安全责任落实到位非常必要。

签署安全责任书可以采用纸质形式,也可以是信息化电子形式。

学校与院系签订的实验室安全责任书内容包括但不限于:实验室安全管理应坚持安全第一、预防为主、党政同责、综合治理、全面覆盖、分级管理、责任到人的原则;院系成立实验室安全领导小组,负责制定院系实验室安全工作的长期目标规划和年度计划、负责制定并落实本院系的实验室安全相关制度;建立院系实验室安全管理队伍,划分责任,层层落实;组织本单位从人员、设备、材料、环境和管理制度等方面,辨认识别日常教学科研(实验)活动中的危险源,量化评估并控制其风险,使其处于安全可控范围,对重大危险源应登记建档;审核实验人员提交的实验、科研项目安全分析报告;对实验室进行新建、改建、扩建以及装维修等工程建设时进行必要的安全评价、环保评价、职业卫生评价,不符合安全、环保、职业卫生标准的项目,不得投入使用;组织制定或修订完善相关的院系实验室安全管理制度;建立和坚持定期安全检查和专项安全检查制度,提高和改进安全检查绩效;院系需对在实验室学习和工作的师生员工进行实验室安全培训,推行实验室安全准入制度;组织编制实验室安全应急预案,并进行必要的演练;保障对实验室安全条件建设的投入;发生实验室安全事故后,及时上报,妥善处置,追究责任,总结经验教训;在实验室安全管理工作中,对工作出色的实验室或个人予以奖励。对于无视国家法律法规和学校规章制度,造成实验室安全责任事故或责任事件的,严格按照相关规定予以处罚,并追究相应责任。

1.2 院系层面安全责任体系

1.2.1 有院系实验室安全工作队伍

(5) 院系安全工作队伍由党政负责人、分管实验室安全的领导、院系实验室安全助理或安全主管、实验室负责人、实验室安全员等共同组成。

《中华人民共和国安全生产法》第三条规定:"安全生产工作实行管行业必须管安全、管业务必须管安全、管生产经营必须管安全,强化和落实生产经营单位的主体责任与政府监管责任,建立生产经营单位负责、职工参与、政府监管、行业自律和社会监督的机制。"

《教育部关于加强高校实验室安全工作的意见》第五条"建立分级管理责任体系"中明确指出:"构建学校、二级单位、实验室三级联动的实验室安全管理责任体系。学校二级单位党政负责人是本单位实验室安全工作的主要领导责任人。"

《教育部办公厅关于开展加强高校实验室安全专项行动的通知》的主要任务之一"全面落实实验室安全责任体系"中指出:"各学校二级单位要尽到主体责任,党政负责人是本单位实验室安全工作的主要领导责任人,明确分管实验室安全的班子成员和各实验室安全管理人员,安全风险较大的单位要配备专职安全管理人员,切实履行实验室安全的闭环管理。"

教育部《高等学校实验室安全规范》第六条"二级单位安全责任体系"中规定:"(一)二级单位党政负责人是实验室安全工作的主要领导责任人。(二)二级单位应明确分管实验室安全的班子成员和各实验室安全管理人员。"

（6）有带文号的院系文件，如党政联席会/办公会等的纪要、通知或制度等明确其内容。

依据《教育部关于进一步推进直属高校贯彻落实"三重一大"决策制度的意见》《党政机关公文处理工作条例》等规章制度的相关条款，实验室安全工作属于"三重一大"的范畴，院系级实验室安全主管领导的任命属于院系工作的重要事项，重要决策应在相关会议纪要中有记录，按党政机关公文规范要求正式发文，按公文格式要求应有发文字号。

1.2.2 院系签订实验室安全责任书

（7）院系签订责任书到实验房间安全责任人。

根据《中华人民共和国安全生产法》，落实全员安全生产责任制。

教育部《高等学校实验室安全规范》第六条"二级单位安全责任体系"中规定："（三）与所属各实验室负责人签订安全责任书。"

要明确实验室使用过程中的责任、义务和要求，签署安全责任书非常必要。

签署安全责任书可以采用纸质形式，也可以是信息化电子形式。

院系与实验房间安全责任人签订的实验室安全责任书内容包括但不限于：实验房间安全责任人应全面负责实验室的安全管理，指定安全员协助开展实验室日常安全管理工作；制定实验室级安全管理制度；对实验人员做好安全培训，审核实验人员提交的实验、科研项目安全分析报告；配合学校、院系开展的各项实验室安全检查，并主动开展安全自查，对发现的安全隐患进行记录，并及时监督完成整改；对各类危险源进行正确的标识、组织建立本实验室危险源动态台账；为实验室配备适合的实验服、手套、护目镜等个体防护用品以及安全设施（包括消防用器材、设施），通过培训确保从事实验活动的人员能正确使用防护设施及装备，并保证在有效期内使用；实验室工程项目（新建、改建、扩建、维修以及装修等）在论证、立项、建设以及验收时应当依法依规进行，并通过学校分管职能部门审核后，方可实施；组织编制实验室事故应急演练方案，进行必要的培训，每学期至少组织一次有针对性的演练；坚守"以人为本，我要安全"的理念，认识到安全教育就是"立德树人"的重要组成部分，组织同学们通过开展"实验室安全议题进组会"等活动，分享好的经验做法，提高师生的安全意识，建设良好的实验室安全文化。

1.3 实验室层面安全责任体系

1.3.1 明确实验室层面各级责任人及其职责

（8）实验室负责人是本实验室安全工作的直接责任人，应严格落实实验室安全准入、隐患整改、个体防护等日常安全管理工作，切实保障实验室安全；项目负责人（含教学课程任课教师）是项目安全的第一责任人，须对项目进行危险源辨识和风险评估，并制定防范措施及现场处置方案；实验室负责人应指定安全员，负责本实验室日常安全管理。

《中华人民共和国安全生产法》第四条规定："生产经营单位必须遵守本法和其他有关安全生产的法律、法规，加强安全生产管理，建立健全全员安全生产责任制和安全生产规章制度。"

《教育部关于加强高校实验室安全工作的意见》第五条"建立分级管理责任体系"中明确指出："构建学校、二级单位、实验室三级联动的实验室安全管理责任体系。各实验室责任人是本实验室安全工作的直接责任人。各高校应当有实验室安全管理机构和专职管理人员负责实验室日常安全管理。"

教育部《高等学校实验室安全规范》第七条"实验室安全责任体系"规定："（一）实验室负责人是本实验室安全工作的直接责任人，应严格落实实验室安全准入、隐患整改、个体防护等日常安全管理工作，切实保障实验室安全。（二）项目负责人（含教学课程任课教师）是项目安全的第一责任人，须对项目进行危险源辨识和风险评估，并制定防范措施及现场处置方案。（三）实验室负责人应指定安全员，负责本实验室日常安全管理。"

1.3.2 实验室层面签订实验室安全责任书

（9）实验室负责人与相关实验人员签订实验室安全责任书。

根据《中华人民共和国安全生产法》，落实全员安全生产责任制。

教育部《高等学校实验室安全规范》第七条"实验室安全责任体系"中规定："（四）实验室负责人应与相关实验人员签订安全责任书或承诺书。"

落实全员安全生产责任制，明确实验室使用过程中的责任、义务和要求，签署安全责任书非常必要。

签署安全责任书可以采用纸质形式，也可以是信息化电子形式。

实验室负责人与实验人员签订的实验室安全责任书内容包括但不限于：实验人员进入实验室工作前，完成安全培训，并通过安全知识考试，满足实验室准入要求；在实验前，熟知实验步骤，了解实验中的危险因素和控制措施，做好实验、项目安全风险分析；在实验中，严格遵守实验标准操作规程(SOP)，不随意更改实验流程；在实验后，登记器材使用状况，清理实验现场，对于实验废弃物按规定妥善处置。

1.4 安全工作奖惩机制

1.4.1 奖惩机制落实到岗位或个人

(10) 是否有明确的奖惩管理办法，以及实际执行情况。

《教育部关于加强高校实验室安全工作的意见》第十四条指出："各高校应当将实验室安全工作纳入学校内部检查、日常工作考核和年终考评内容，对在实验室安全工作中成绩突出的单位和个人给予表彰奖励；对未能履职尽责的单位和个人，在考核评价中予以批评和惩处。"

《教育部办公厅关于开展加强高校实验室安全专项行动的通知》中"组织实施"第(三)项规定："各高校依照专项行动目标和任务要求，将实验室安全工作纳入学校内部检查、日常工作考核和年终考评内容，对在实验室安全工作中成绩突出的单位和个人给予表彰奖励；对未能履职尽责的单位和个人，在考核评价中予以批评和惩处。"

教育部《高等学校实验室安全规范》第八条"安全工作奖惩机制"规定："(一)强化学校主体责任，根据'谁使用、谁负责，谁主管、谁负责'的原则，把责任落实到岗位或个人。(二)学校应将实验室安全工作纳入内部检查、日常工作考核和年终考评内容。对在实验室安全工作中成绩突出的单位和个人给予表彰和奖励；对履职尽责不到位的个人和所在单位，应予以批评和惩处，情节严重的追究其法律责任。"

1.4.2 依法依规进行事故调查和责任追究

(11) 检查事故调查执行情况。

《教育部关于加强高校实验室安全工作的意见》第十五条指出:"各高校要对发生的实验室安全事故,开展责任倒查,严肃追究相关单位及个人的事故责任,依法依规处理。对于实验室安全责任制度落实不到位,安全管理存在重大问题,安全隐患整改不及时、不彻底的单位,学校上级主管部门会同纪检监察机关、组织人事部门和安全生产监管部门,按照各部门权限和职责分别提出问责追责建议。"

《教育部办公厅关于开展加强高校实验室安全专项行动的通知》中"组织实施"第(三)项规定:"高校行政主管部门要扎实开展实验室安全检查工作,对专项行动落实情况不好的高校进行督导,对因违反法律法规和学校实验室安全管理相关规定等,造成实验室安全责任事故或责任事件的,依法依规追究责任。"

教育部《高等学校实验室安全规范》第八条"安全工作奖惩机制"关于事故调查和责任追究的规定:"(三)发生实验室安全事故后,依法依规开展事故调查,严肃追究责任单位及责任人的事故责任。"

1.5 经费保障

1.5.1 学校每年有实验室安全常规经费预算

(12) 学校职能部门有预算审批凭据证明有专款用于实验室安全工作。

《中华人民共和国安全生产法》第二十三条规定:"生产经营单位应当具备的安全生产条件所必需的资金投入,由生产经营单位的决策机构、主要负责人或者个人经营的投资人予以保证,并对由于安全生产所必需的资金投入不足导致的后果承担责任。"

《教育部关于加强高校实验室安全工作的意见》第十二条"保障机构人员经费"中明确指出:"各高校应当根据实验室安全工作的实际情况和需求,明确实验室安全管理的职能部门;加强安全队伍建设,配备充足的专职安全人员,并不断提高素质和能力;保障安全工作的经费投入,确保安全管理制度能够切实有效执行。"

教育部《高等学校实验室安全规范》第十九条"经费保障"中规定:"(一)学校

每年做好实验室安全常规经费预算,保障安全工作正常运行。"

常规预算主要包括实验室安全队伍建设(津贴、奖励等)、实验室安全检查、实验室安全培训、实验室危险废物处置、实验室环境控制及健康监测、安全信息系统维护等。

1.5.2 学校有专项经费投入实验室安全工作,重大安全隐患整改经费能够落实

(13) 学校职能部门有支出凭据证明有专款用于实验室安全工作,尤其是用于重大安全隐患整改项目。

《中华人民共和国安全生产法》第二十三条规定:"生产经营单位应当具备的安全生产条件所必需的资金投入,由生产经营单位的决策机构、主要负责人或者个人经营的投资人予以保证,并对由于安全生产所必需的资金投入不足导致的后果承担责任。"

《教育部关于加强高校实验室安全工作的意见》第六条"建立安全定期检查制度"中指出:"严格落实整改措施、责任、资金、时限和预案'五到位'。"第十三条"加强基础设施建设"中指出:"各高校应当加强安全物资保障,配备必要的安全防护设施和器材,建立能够保障实验人员安全与健康的工作环境。提升实验室安全管理的信息化水平,建立和完善实验室安全信息管理系统、监控预警系统,促进信息系统与安全工作的深度融合。"

教育部《高等学校实验室安全规范》第十九条"经费保障"中规定:"(二)学校应有专项经费投入实验室建设,同时确保安全隐患整改工作及时落实。"

专项经费一般用于实验室安全条件提升项目,如实验室安全技术防范系统建设、楼宇通风系统建设或改造、气路建设或改造、落实重大隐患整改等。

1.5.3 院系有自筹经费投入实验室安全建设与管理

(14) 院系有支出凭据证明有专款用于实验室安全工作。

《中华人民共和国安全生产法》中关于安全工作资金的规定:

第二十三条 生产经营单位应当具备的安全生产条件所必需的资金投入,由生产经营单位的决策机构、主要负责人或者个人经营的投资人予以保证,并对由于

安全生产所必需的资金投入不足导致的后果承担责任。

第四十七条　生产经营单位应当安排用于配备劳动防护用品、进行安全生产培训的经费。

《教育部关于加强高校实验室安全工作的意见》第六条"建立安全定期检查制度"中指出："严格落实整改措施、责任、资金、时限和预案'五到位'。"第十三条"加强基础设施建设"中指出："各高校应当加强安全物资保障，配备必要的安全防护设施和器材，建立能够保障实验人员安全与健康的工作环境。提升实验室安全管理的信息化水平，建立和完善实验室安全信息管理系统、监控预警系统，促进信息系统与安全工作的深度融合。"

教育部《高等学校实验室安全规范》第十九条"经费保障"中规定："（三）二级单位通过多元化投入，加强实验室安全建设与管理。"

院系应有专项经费用于实验室安全隐患整改、实验室安全条件建设、实验室危险废物处置、实验室安全教育培训、实验室检查、安全队伍奖励等。

1.6　队伍建设

1.6.1　学校根据需要配备专职或兼职的实验室安全管理人员

（15）有重要危险源，即有毒有害（剧毒、易制爆、易制毒、爆炸品等）化学品、危险（易燃、易爆、有毒、窒息、高压等）气体、动物及病原微生物、辐射源及射线装置、同位素及核材料、危险性机械加工装置、强电强磁与激光设备、特种设备等的高校应依据工作量，在校级管理机构配备足够的专职实验室安全管理人员。

《中华人民共和国安全生产法》第二十四条规定："矿山、金属冶炼、建筑施工、运输单位和危险物品的生产、经营、储存、装卸单位，应当设置安全生产管理机构或者配备专职安全生产管理人员。前款规定以外的其他生产经营单位，从业人员超过一百人的，应当设置安全生产管理机构或者配备专职安全生产管理人员；从业人员在一百人以下的，应当配备专职或者兼职的安全生产管理人员。"从安全生产法可以看出，配备安全生产管理人员的依据有：一是行业风险；二是企业从业人员人数。高校及实验室应根据自身学科的结构特点及学生人数选择配备专职或兼职安全管理人员。

教育部《高等学校实验室安全规范》第二十一条"加强队伍建设,有充足的人力保障"中规定:"(一)学校根据实验室安全工作的实际情况和需求配备专职实验室安全管理人员,并不断提高其素质和能力。推进专业安全队伍建设,保障队伍稳定和可持续发展。"

这里引入"重要危险源"的概念,将有毒有害(剧毒、易制爆、易制毒、爆炸品等)化学品、危险(易燃、易爆、有毒、窒息)气体、动物及病原微生物、辐射源及射线装置、同位素及核材料、危险性机械加工装置、强电强磁与激光设备、特种设备等危险源作为重点关注对象核算工作量,配备实验室安全管理人员。

这里引入"重要危险源"的概念,是为了避免与国家标准中的"重大危险源"混淆。GB 18218—2018《危险化学品重大危险源辨识》中危险化学品的量级为"t",按照国家标准中的计算方法,在一个存储单元内各种危险化学品的存量/临界量之和大于1才能判定为重大危险源。常见化学品的临界量为:乙醚的临界量是10 t、苯的临界量是50 t、乙醇的临界量是500 t。按照国家标准的定义和计算方法,高校实验室不可能容纳如此大量的危险化学品,显然以"t"为单位对重大危险源辨识对高校实验室的区分度不明显,也不适用。

(16)有重要危险源的院系应依据工作量配备专职实验室安全管理人员;文、管、艺术类、数学及信息等相关院系配备兼职实验室安全管理人员。

《教育部关于加强高校实验室安全工作的意见》第五条"建立分级管理责任体系"中指出:"各高校应当有实验室安全管理机构和专职管理人员负责实验室日常安全管理。"第十一条"加强知识能力培训"中指出:专职实验室安全管理人员"要具备相应的实验室安全管理专业知识和能力。"第十二条"保障机构人员经费"中指出:"加强安全队伍建设,配备充足的专职安全人员,并不断提高素质和能力。"

部分文、管、艺术类、数学及信息相关工学等院系也会用到重要危险源。在此情况下,须配备了解该类危险源特点并能做好安全防护措施的管理人员。

1.6.2 有校级实验室安全检查队伍,可以由教师、实验技术人员组成,也可以利用有相关专业能力的社会力量

(17)有文件证明学校设立了检查队伍,并有工作记录。

《中华人民共和国安全生产法》多个条款从不同角度指出了安全检查的重要性

和必要性，并从人员、计划、监督、落实、整改等全过程提出了具体要求。

《教育部关于加强高校实验室安全工作的意见》第六条"建立安全定期检查制度"中明确指出："各高校要对实验室开展'全过程、全要素、全覆盖'的定期安全检查，核查安全制度、责任体系、安全教育落实情况和存在的安全隐患，实行问题排查、登记、报告、整改的'闭环管理'，严格落实整改措施、责任、资金、时限和预案'五到位'。对存在重大安全隐患的实验室，应当立即停止实验室运行直至隐患彻底整改消除。"

教育部《高等学校实验室安全规范》第二十一条"加强队伍建设，有充足的人力保障"中规定："（二）学校和二级单位分别设立实验室安全督查队伍，定期开展安全检查，并提供检查报告和整改意见。实验室安全督查队伍可由在职教师、实验技术人员（含退休返聘人员）及校外专家组成。"

学校应有成立/聘用文件、工作内容。如果利用有相关专业能力的社会力量进行专业安全检查，则应有正式合同或协议，或有劳务支出等证据。

实验室安全检查是专业性、技术性要求非常高的工作，应由专业对口的技术人员完成，不能以行政职位作为专业技能的判定标准。安全检查工作记录可以采取纸质、电子文档及信息系统等形式。

学生可以以志愿者、党团支部活动、工作体验等形式参与实验室安全检查工作，前提是必须有专业检查人员在场。作为高校主体的学生参与安全检查工作，不仅可以提高学生在实验室安全管理工作中的参与度，还能强化学生安全意识、促进校园安全文化建设。

1.6.3 各级主管实验室安全的负责人、管理人员及技术人员到岗一年内须接受实验室安全培训

（18）有培训记录（证书、电子文档、书面记录）等证明培训及合格情况。

《中华人民共和国安全生产法》第二十五条规定："生产经营单位的安全生产管理机构及安全生产管理人员履行下列职责：组织或者参与本单位安全生产教育和培训，如实记录安全生产教育和培训情况。"

《教育部关于加强高校实验室安全工作的意见》第十一条"加强知识能力培训"中明确指出："学校的分管领导、有关职能部门、二级院系和实验室负责安全管理的人员要具备相应的实验室安全管理专业知识和能力。"

教育部《高等学校实验室安全规范》第二十一条"加强队伍建设,有充足的人力保障"中规定:"(三)实验室安全管理相关负责人应在接受实验室安全管理培训后上岗,并定期轮训。"

培训内容从法律法规到专业安全知识和技能,内容丰富,但是需要理论联系实际,以便在实践中理解掌握和提升。鉴于此,给出一年内完成必要的安全培训的要求是合理的。

1.7 其他

1.7.1 采用信息化手段管理实验室安全

(19) 学校建设信息管理等系统用于实验室安全管理。

《中华人民共和国安全生产法》第四条提出了"加强安全生产标准化、信息化建设"的要求。

《教育部关于加强高校实验室安全工作的意见》第十三条"加强基础设施建设"中指出:"提升实验室安全管理的信息化水平,建立和完善实验室安全信息管理系统、监控预警系统,促进信息系统与安全工作的深度融合。"

学校应当建设统一的实验室安全管理信息化系统,以实现危险源动态监管、实验室安全信息汇总、危险化学品全周期信息记录、安全隐患闭环管理信息记录、安全准入信息记录等。高校实验室危险源的数量与种类变化较大,完全采用传统的纸介方式已经不能匹配安全管理的实时性要求,所以信息化是必需的手段。

1.7.2 建立实验室安全工作档案

(20) 包括责任体系、队伍建设、安全制度、奖惩、教育培训、安全检查、隐患整改、事故调查与处理、专业安全、其他相关的常规或阶段性工作等,且档案分类科学合理,便于查找。

参照档案管理工作的相关法律法规,如《中华人民共和国档案法》《科学技术档案工作条例》,以及档案管理的常规工作思路,实验室应建立实验室安全工作档案,将实验室安全工作的相关资料及时归档,这不仅是安全管理工作规范化的体现,还是对实验室安全工作的全方位总结,并且对后续工作具有重要的指导意义。

2 规章制度

2.1 实验室安全管理制度

2.1.1 学校和院系应有正式发文的实验室安全管理制度

(21) 有正式发文的实验室安全管理制度,内容包括上位法依据、实验室范围、安全管理原则、组织架构、责任体系、奖惩、事故处理、责任与追究、安全文化等要素。

《中华人民共和国安全生产法》中关于管理制度的规定:

第四条 生产经营单位必须遵守本法和其他有关安全生产的法律、法规,加强安全生产管理,建立健全全员安全生产责任制和安全生产规章制度;

第二十一条 生产经营单位的主要负责人对本单位安全生产工作负有下列职责:组织制定并实施本单位安全生产规章制度和操作规程;

第二十五条 生产经营单位的安全生产管理机构以及安全生产管理人员履行下列职责:组织或者参与拟订本单位安全生产规章制度、操作规程和生产安全事故应急救援预案。

教育部《高等学校实验室安全规范》第三章对"实验室安全管理制度"的要求:"第九条 学校和二级单位应建立健全实验室安全管理办法和制度,出台规范性文件,确保具有可操作性和实际管理效应,并充分考虑学科专业特点和实验用途,及时修订更新。"

依据《教育部关于进一步推进直属高校贯彻落实"三重一大"决策制度的意见》《党政机关公文处理工作条例》等规章制度的相关条款,实验室安全工作属于"三重一大"的范畴,重要决策应在相关会议纪要中有记录,按党政机关公文规范要求正式发文,按公文格式要求应有发文字号。

2.2 实验室安全管理办法或细则

2.2.1 有正式发文的实验室安全管理办法或细则

（22）依据危险源情况制定实验室分类分级、准入管理、安全检查，以及各类安全等二级管理办法，文件应具有可操作性或实际管理效用，及时修订更新，并正式发文。

教育部《高等学校实验室安全规范》第三章第十条对"实验室安全管理制度"的具体要求如下：

（一）安全检查制度：对实验室开展"全员、全过程、全要素、全覆盖"的定期安全检查，核查安全制度、责任体系、安全教育落实情况和设备设施存在的安全隐患，实行问题排查、登记、报告、整改、复查的"闭环管理"。

（二）安全教育培训与准入制度：进入实验室学习或工作的所有人员应先进行安全知识、安全技能和操作规范培训，掌握设备设施、防护用品正确使用的技能，考核合格后方可进入实验室进行实验操作。

（三）项目风险评估与管控制度：凡涉及重要危险源，即有毒有害化学品（剧毒、易制爆、易制毒、爆炸品等）、危险气体（易燃、易爆、有毒、窒息）、动物及病原微生物、辐射源及射线装置、同位素及核材料、危险性机械加工装置、强电强磁与激光设备、特种设备等的教学、科研项目，应经过风险评估后方可开展实验活动。对存在重大安全隐患的项目，在未切实落实安全保障前，不得开展实验活动。

（四）危险源全周期管理制度：应对重要危险源进行采购、运输、储存、使用、处置等全流程全周期管理。采购和运输应选择具备相应资质的单位和渠道，储存要有专门储存场所并严格控制数量，使用时应由专人负责发放、回收和详细记录，实验后产生的废物应统一收储并依法依规科学处置。应对危险源进行风险评估，建立重大危险源安全风险分布档案和数据库，并制定危险源分级分类处置方案。

（五）安全应急制度：学校、二级单位和实验室应建立应急预案和应急演练制度，定期开展应急知识学习、应急处置培训和应急演练，保障应急人员、物资、装备和经费，保证应急功能完备、人员到位、装备齐全、响应及时。应定期检查实验防护用品与装备、应急物资的有效性。

（六）实验室安全事故上报制度：出现实验室安全事故后，学校应立即启动应急预案，采取措施控制事态发展，同时在 1 小时内如实向所在地党委、政府及其相关部门和高校主管部门报告情况，并抄报教育部，不得迟报、谎报、瞒报和漏报，并根据事态发展变化及时续报。

2.3 安全应急制度

2.3.1 学校、院系、实验室有相应的应急预案

（23）学校、二级单位和实验室应建立应急预案和应急演练制度，定期开展应急知识学习、应急处置培训和应急演练，保障应急人员、物资、装备和经费，保证应急功能完备、人员到位、装备齐全、响应及时，保证实验防护用品与装备、应急物资的有效性。

《中华人民共和国安全生产法》中关于应急预案的要求：

第二十五条　生产经营单位的安全生产管理机构以及安全生产管理人员履行下列职责：组织或者参与拟订本单位安全生产规章制度、操作规程和生产安全事故应急救援预案。

第四十条　生产经营单位对重大危险源应当登记建档，进行定期检测、评估、监控，并制定应急预案，告知从业人员和相关人员在紧急情况下应当采取的应急措施。

《教育部关于加强高校实验室安全工作的意见》分别在以下十五个方面提出了要求：进一步提高政治站位、充分认识复杂艰巨性、强化安全红线意识、强化法人主体责任、建立分级管理责任体系、建立安全定期检查制度、建立安全风险评估制度、建立危险源全周期管理制度、建立实验室安全应急制度、持续开展安全教育、加强知识能力培训、保障机构人员经费、加强基础设施建设、纳入工作考核内容、建立问责追责机制等。

《教育部办公厅关于开展加强高校实验室安全专项行动的通知》中提出了九个方面的任务，分别是：全面落实实验室安全责任体系、提升实验室安全管理能力、完善实验室分级分类管理体系、建立健全项目风险评估与管控、强化实验室安全教

育体系建设、提升实验室安全应急能力、强化实验室安全基础设施建设、持续开展高校实验室安全专项检查、加强实验室安全研究与标准建设。

教育部《高等学校实验室安全规范》第三章"实验室安全管理制度"中关于应急预案的要求:"学校、二级单位和实验室应建立应急预案和应急演练制度,定期开展应急知识学习、应急处置培训和应急演练,保障应急人员、物资、装备和经费,保证应急功能完备、人员到位、装备齐全、响应及时。应定期检查实验防护用品与装备、应急物资的有效性。"

依据《教育部关于进一步推进直属高校贯彻落实"三重一大"决策制度的意见》《党政机关公文处理工作条例》等规章制度的相关条款,实验室安全工作属于"三重一大"的范畴,实验室安全主管领导的任命属于重要事项,重要决策应在相关会议纪要中有记录,按党政机关公文规范要求正式发文,按公文格式要求应有发文字号。

3 教育培训

3.1 安全教育培训活动

3.1.1 开设实验室安全必修课或选修课

(24) 对于有重要危险源(见第 15 目)的院系和专业,要开设有学分的安全教育必修课或将安全教育课程纳入必修环节;鼓励其他专业开设安全选修课。

《教育部办公厅关于开展加强高校实验室安全专项行动的通知》的主要任务之一"强化实验室安全教育体系建设"中指出:"高校要建设实验室安全教育体系,把实验室安全教育纳入学生的培养环节中,明确涉及实验风险的各级各类学生的培养要求。针对不同学科、专业实验,明确课程结构,设置教学大纲,开展相关教材编写、课程设置等工作,加强实验室安全专家与师资队伍的培育培训。"

教育部《高等学校实验室安全规范》第四章"实验室安全教育培训、宣传"中第十二条规定:"涉及重要危险源的高校应设置有学分的实验室安全课程或将安全准入教育培训纳入培养环节。"

3.1.2 开展安全教育培训活动

(25) 校级层面有档案证明开展了实验室安全教育培训。

(26) 院系层面有档案证明开展了实验室安全教育培训,重点关注外来人员和研究生新生。

《中华人民共和国安全生产法》关于教育和培训的规定:

第二十一条 生产经营单位的主要负责人对本单位安全生产工作负有下列职责:组织制定并实施本单位安全生产教育和培训计划。

第二十五条 生产经营单位的安全生产管理机构以及安全生产管理人员履行下列职责:组织或者参与本单位安全生产教育和培训,如实记录安全生产教育和培训情况。

第二十八条　生产经营单位应当对从业人员进行安全生产教育和培训,保证从业人员具备必要的安全生产知识,熟悉有关的安全生产规章制度和安全操作规程,掌握本岗位的安全操作技能,了解事故应急处理措施,知悉自身在安全生产方面的权利和义务。未经安全生产教育和培训合格的从业人员,不得上岗作业。

生产经营单位使用被派遣劳动者的,应当将被派遣劳动者纳入本单位从业人员统一管理,对被派遣劳动者进行岗位安全操作规程和安全操作技能的教育和培训。劳务派遣单位应当对被派遣劳动者进行必要的安全生产教育和培训。

生产经营单位接收中等职业学校、高等学校学生实习的,应当对实习学生进行相应的安全生产教育和培训,提供必要的劳动防护用品。学校应当协助生产经营单位对实习学生进行安全生产教育和培训。

生产经营单位应当建立安全生产教育和培训档案,如实记录安全生产教育和培训的时间、内容、参加人员以及考核结果等情况。

第二十九条　生产经营单位采用新工艺、新技术、新材料或者使用新设备,必须了解、掌握其安全技术特性,采取有效的安全防护措施,并对从业人员进行专门的安全生产教育和培训。

《教育部关于加强高校实验室安全工作的意见》第十一条"加强知识能力培训"中指出:"学校的分管领导、有关职能部门、二级院系和实验室负责安全管理的人员要具备相应的实验室安全管理专业知识和能力。建立实验室人员安全培训机制,进入实验室的师生必须先进行安全技能和操作规范培训,掌握实验室安全设备设施、防护用品的维护使用,未通过考核的人员不得进入实验室进行实验操作。对涉及有毒有害化学品、动物及病原微生物、放射源及射线装置、危险性机械加工装置、高压容器等各种危险源的专业,逐步将安全教育有关课程纳入人才培养方案。"

《教育部办公厅关于开展加强高校实验室安全专项行动的通知》的主要任务之一"强化实验室安全教育体系建设"中除了对学生培养和课程设置的要求外,还指出:"建立实验人员安全准入制度,要求进入实验室的师生必须先进行实验室安全知识、安全技能和操作规范的必修课课程或培训并进行考核,未取得相应学分或未通过考核的人员不得进入实验室进行实验操作。对高校实验室安全责任体系的各级管理人员,如相关校领导、中层干部、安全职能部门管理人员、专职技术人员、开展实验活动的院系教师等,明确培训内容与时长等要求,有针对性地进行安全培训与考核,保证师生具备必要的安全知识和应急能力,知悉自身在安全管理方面的权利和义务。研究生导师要将实验室安全教育列入指导内容,让安全教育入心入脑。"

教育部《高等学校实验室安全规范》第十一条对教育培训活动的内容做了详细规定:

(一)学校每年开展面向全校教职工和学生的安全教育培训活动,并存档记录。

(二)学校和二级单位开展结合学科专业特点的应急演练,并对演练内容、参加人数、效果评价等进行有效记录。

(三)学校和二级单位根据实验需要,开展专业安全培训活动,并组织安全培训考试,新入职的教职工、新入学的学生均应参加并通过考试,对培训与考试进行有效记录。

(四)实验室应对进入实验室的人员进行操作工艺、设备使用、试剂或气体管理等标准操作规程的培训和评估,并记录存档。

教育部《高等学校实验室安全规范》中关于"实验室教学、科研活动安全准入制度"的第十八条规定:"学校、二级单位或实验室应与进入实验室的相关方或外来人员签订合同或安全协议,明确双方的安全职责。"由于外来人员及研究生新生来源各异,安全技术背景不同,所以必须重点关注,查漏补缺。

校级培训和院系级培训侧重点不同,校级培训的重点是规章制度解读、不同类别实验室的基础安全、通用安全技术等,院系级及实验室级培训的侧重点在于具体安全技术、应急演练等,两者相辅相成,不能互相代替。

3.1.3 开展结合学科特点的应急演练

(27)有实验室安全事故应急演练。

《中华人民共和国安全生产法》第五章"生产安全事故的应急救援与调查处理"中对应急救援及演练做出了法律层面的要求,其中第八十一条规定:"生产经营单位应当制定本单位生产安全事故应急救援预案,与所在地县级以上地方人民政府组织制定的生产安全事故应急救援预案相衔接,并定期组织演练。"

《教育部关于加强高校实验室安全工作的意见》第九条"建立实验室安全应急制度"中指出:"各高校要建立应急预案逐级报备制度和应急演练制度,对实验室专职管理人员定期开展应急处置知识学习和应急处理培训,配齐配足应急人员、物资、装备和经费,确保应急功能完备、人员到位、装备齐全、响应及时。"

《教育部办公厅关于开展加强高校实验室安全专项行动的通知》在主要任务之一"提升实验室安全应急能力"中提出的具体要求:"高校要加强实验室安全应急能力建设,结合消防安全形成完整的应急体系。学校在建立校级实验室安全应急预案的同时,要指导二级单位和实验室建立应急预案或应急措施,并进行定期培训和实施演练。各级预案或措施要明确应急体系各节点的责任人,并配齐配足应急人员、物资、装备和经费,确保应急功能完备、人员到位、装备齐全、响应及时。"

教育部《高等学校实验室安全规范》第四章第十一条"实验室安全教育培训、宣传"中关于应急演练的要求:"(二)学校和二级单位开展结合学科专业特点的应急演练,并对演练内容、参加人数、效果评价等进行有效记录。"

应急演练应结合学科特点,针对实验室重要危险源,从形式到内容达到相应的目的和要求。

3.1.4　组织实验室安全知识考试

(28) 建设有考试系统或考试题库并及时更新,从事实验工作的学生、教职工及外来人员均须参加考试,通过者发放合格证书或保留记录。

《教育部办公厅关于开展加强高校实验室安全专项行动的通知》在主要任务之一第五条"强化实验室安全教育体系建设"中指出:"要求进入实验室的师生必须先进行实验室安全知识、安全技能和操作规范的必修课课程或培训并进行考核,未取得相应学分或未通过考核的人员不得进入实验室进行实验操作。"

教育部《高等学校实验室安全规范》第四章第十一条"实验室安全教育培训、宣传"中关于安全考试的规定:"(三)学校和二级单位根据实验需要,开展专业安全培训活动,并组织安全培训考试,新入职的教职工、新入学的学生均应参加并通过考试,对培训与考试进行有效记录。"

3.2 安全文化

3.2.1 建设有学校特色的安全文化

(29) 学校有网页设立专栏开展安全宣传。

《教育部关于加强高校实验室安全工作的意见》在第四部分"持之以恒,狠抓安全教育宣传培训"中指出:"创新宣传教育形式,宣讲普及安全常识""要把安全宣传教育作为日常安全检查的必查内容。"

教育部《高等学校实验室安全规范》中关于宣传的要求:"第十三条　加大安全教育宣传力度,提高师生安全意识。学校和二级单位应按照'全员、全面、全程'的要求,创新宣传教育形式,开展安全宣传、经验交流等活动,建设有特色的安全文化。"

在学校网页开设专栏宣传安全,既体现了学校对安全工作的重视,又是安全文化的体现。

(30) 编印学校实验室安全手册,将实验室安全手册发放到每一位从事实验活动的师生。

2020年5月,国务院安全生产委员会办公室和应急管理部联合发布《推进安全宣传"五进"工作方案》,扎实推进安全宣传进企业、进农村、进社区、进学校、进家庭,其中发放安全手册是"五进"工作的常规做法。

编印实验室安全手册作为一种重要的安全宣传手段,对普及安全常识,增强安全意识,提高全社会整体安全水平会发挥着重要作用。因此,学校应根据危险源情况编制实验室安全手册,并及时更新、发放给各类实验人员。

(31) 创新宣传教育形式,通过微信公众号、微博、工作简报、文化月、专项整治活动、安全评估、知识竞赛、微电影等方式,加强安全宣传。

教育部《教育系统安全专项整治三年行动实施方案》在关于"加强学生安全素质教育"中指出:"把安全教育纳入学校教育内容,指导学校开展安全教育活动,在中小学、幼儿园教学和高校、高中新生军训课程中加入消防知识教育,充分利用消防日、安全生产月、专项整治三年行动开展活动的契机,开展科普讲座、亲身体验、专题专栏等多种形式的安全教育宣传活动,以案例警示教育和沉浸式互动体验培养学生的安全意识和自救与互救能力。"

随着现代传媒技术的发展,实验室安全宣传的形式也应多种多样。

3.2.2　建立实验室安全隐患举报制度

(32) 建立实验室安全隐患举报制度,公布实验室安全隐患举报邮箱、电话、信箱等。

《中华人民共和国安全生产法》关于举报制度的规定:

第七十三条　负有安全生产监督管理职责的部门应当建立举报制度,公开举报电话、信箱或者电子邮件地址等网络举报平台,受理有关安全生产的举报;受理的举报事项经调查核实后,应当形成书面材料;需要落实整改措施的,报经有关负责人签字并督促落实。对不属于本部门职责,需要由其他有关部门进行调查处理的,转交其他有关部门处理。涉及人员死亡的举报事项,应当由县级以上人民政府组织核查处理。

第七十四条　任何单位或者个人对事故隐患或者安全生产违法行为,均有权向负有安全生产监督管理职责的部门报告或者举报。

教育部《高等学校实验室安全规范》第五条"校级安全责任体系"中规定:"(九)建立实验室安全隐患举报制度,公布实验室安全隐患举报邮箱、电话、信箱等。"

4 安全准入

4.1 项目安全准入

4.1.1 对项目进行实验室安全风险评估，保证实验室满足开展项目活动的安全条件

（33）项目负责人负责对实验项目进行危险源辨识、风险评估和控制，制定现场处置方案，指导有关人员做好安全防护。

教育部《高等学校实验室安全规范》的相关规定如下：

第十四条 开展涉及重要危险源的教学、科研活动（包括学生实验课程、毕业设计、教师科研项目、自主立项研究、学科竞赛实验课程等）之前，项目负责人（含教学课程任课教师）应对实验项目在实验室实施过程中所涉及的内容进行危险源辨识、风险评估和控制，制定现场处置方案，指导有关人员做好安全防护；新录用人员在签订合同后、进入实验室前，应获得实验室准入资格。

第十五条 项目负责人（含教学课程任课教师）应针对本项目特点制定具体的安全管理措施和安全教育方案，对参与本项目的学生和工作人员等进行全员安全培训，依法履行安全告知义务。

4.2 人员安全准入

4.2.1 实验人员须经过安全培训和考核，获得实验室安全准入资格

（34）实验人员应获得实验室准入资格，并严格遵守各项管理制度。

教育部《高等学校实验室安全规范》第十七条规定："进入实验室学习或工作的所有人员均应遵守实验室安全准入制度和安全管理制度，取得准入资格后，再严

格按照实验操作规程或实验指导书开展实验。"

4.3 安全风险分析

4.3.1 对研究选题进行安全风险分析，做好防控和应急准备

（35）开展实验前应进行安全风险分析，并通过审核。

教育部《高等学校实验室安全规范》第十六条规定："学生的研究选题，应包含针对开展实验研究所涉及安全风险的分析、防控和应急处置措施等内容并通过审查，或者单独就该选题进行安全分析并通过审查。"

5 安全检查

5.1 危险源辨识

5.1.1 学校、院系层面建立危险源分布清单

(36) 清单内容须包括单位、房间、类别、数量、责任人等信息。

《中华人民共和国安全生产法》第四十条规定:"生产经营单位对重大危险源应当登记建档,进行定期检测、评估、监控,并制定应急预案,告知从业人员和相关人员在紧急情况下应当采取的应急措施。"

《教育部关于加强高校实验室安全工作的意见》第八条"建立危险源全周期管理制度"中指出:"对危险源进行风险评估,建立重大危险源安全风险分布档案和数据库,并制定危险源分级分类处置方案。"

实验室危险源虽然达不到 GB 18218—2018 意义上的"重大危险源",但只有了解危险源及其分布,才能有的放矢采取管控措施。建立危险源分布清单至关重要,这是做好安全管理工作的重要前提。

5.1.2 涉及危险源的实验场所,须有明确的警示标识

(37) 涉及重要危险源(见第 15 目)的场所,有显著的警示标识。

《中华人民共和国安全生产法》第三十五条规定:"生产经营单位应当在有较大危险因素的生产经营场所和有关设施、设备上,设置明显的安全警示标志。"

职业卫生标准 GBZ 158—2003《工作场所职业病危害警示标识》要求"在工作场所设置可以使劳动者对职业病危害产生警觉,并采取相应防护措施的图形标识、警示线、警示语句和文字等"。该标准全文为强制性标准,适用于可能产生职业病危害的工作场所、设备及产品。

实验室中涉及重要危险源(见第 15 目)的场所应设置显著的警示标志。

5.1.3 建立针对重要危险源的风险评估和应急预案

(38) 建立风险分级管控方案。

《中华人民共和国安全生产法》第四十一条对建立安全风险分级管控的要求："生产经营单位应当建立安全风险分级管控制度,按照安全风险分级采取相应的管控措施。生产经营单位应当建立健全并落实生产安全事故隐患排查治理制度,采取技术、管理措施,及时发现并消除事故隐患。事故隐患排查治理情况应当如实记录,并通过职工大会或者职工代表大会、信息公示栏等方式向从业人员通报。其中,重大事故隐患排查治理情况应当及时向负有安全生产监督管理职责的部门和职工大会或者职工代表大会报告。县级以上地方各级人民政府负有安全生产监督管理职责的部门应当将重大事故隐患纳入相关信息系统,建立健全重大事故隐患治理督办制度,督促生产经营单位消除重大事故隐患。"

《教育部关于加强高校实验室安全工作的意见》第八条"建立危险源全周期管理制度"中指出："对危险源进行风险评估,建立重大危险源安全风险分布档案和数据库,并制定危险源分级分类处置方案。"

《教育部办公厅关于开展加强高校实验室安全专项行动的通知》的行动目标之一是："完善高校实验室分级分类和危险源管控分级分类管理体系建设,加强教学与科研项目安全审查过程管理,杜绝高校实验室重大安全事故隐患。"

学校对院系进行风险评估,分级管理;院系对实验室进行风险评估,分级分类管理;实验室对实验活动进行风险评估,落实安全防护措施并编制应急处置预案。

(39) 院系和实验室应建立针对重要危险源的应急预案。

《教育部办公厅关于开展加强高校实验室安全专项行动的通知》在第六条"提升实验室安全应急能力"中提出要求："高校要加强实验室安全应急能力建设,结合消防安全形成完整的应急体系。学校在建立校级实验室安全应急预案的同时,要指导二级单位和实验室建立应急预案或应急措施,并进行定期培训和实施演练。各级预案或措施要明确应急体系各节点的责任人,并配齐配足应急人员、物资、装备和经费,确保应急功能完备、人员到位、装备齐全、响应及时。"

院系的应急预案是针对本院系常见危险源的应急处置和应急响应,实验室的应急预案应是针对本实验室特有危险源的应急处置和应急响应。二者各有侧重，相辅相成。

5.2 安全检查

5.2.1 学校、院系层面安全检查及实验室自检自查

（40）学校层面检查每年不少于 4 次，院系层面每月不少于 1 次，实验室应经常检查。安全检查及整改都应保存记录。

《中华人民共和国安全生产法》第四十六条规定："生产经营单位的安全生产管理人员应当根据本单位的生产经营特点，对安全生产状况进行经常性检查；对检查中发现的安全问题，应当立即处理；不能处理的，应当及时报告本单位有关负责人，有关负责人应当及时处理。检查及处理情况应当如实记录在案。生产经营单位的安全生产管理人员在检查中发现重大事故隐患，依照前款规定向本单位有关负责人报告，有关负责人不及时处理的，安全生产管理人员可以向主管的负有安全生产监督管理职责的部门报告，接到报告的部门应当依法及时处理。"

《教育部关于加强高校实验室安全工作的意见》第六条"建立安全定期检查制度"中指出："各高校要对实验室开展全过程、全要素、全覆盖的定期安全检查，核查安全制度、责任体系、安全教育落实情况和存在的安全隐患，实行问题排查、登记、报告、整改的'闭环管理'，严格落实整改措施、责任、资金、时限和预案'五到位'。对存在重大安全隐患的实验室，应当立即停止实验室运行直至隐患彻底整改消除。"

《教育部办公厅关于开展加强高校实验室安全专项行动的通知》第（八）项主要任务"持续开展高校实验室安全专项检查"中指出："教育部每年定期开展实验室安全专项检查，随时抽查高校可能存在的重大隐患，并督促整改，其他高校行政主管部门要根据教育部相关要求，扎实开展实验室安全检查工作。各高校要定期开展实验室安全各类隐患全面自查，及时公布与反馈；隐患整改过程要明确责任人、整改时间、整改措施，并保障经费落实；整改实行销号式管理，并举一反三，杜绝出现隐患经整治后又复发的情况。重大安全事故隐患一经发现立整立改。"

定期检查并记录存档是基本工作规范，不但有利于对所发现隐患的督促整改，

而且必要时能发挥大数据的作用。

关于安全检查的频次，可以适当参考应急管理部2019年发布的《危险化学品企业安全风险隐患排查治理导则》(以下简称《导则》)。《导则》指出：装置操作人员现场巡检间隔不得大于两小时，涉及"两重点一重大"的生产、储存装置和部位的操作人员现场巡检间隔不得大于一小时；基层直接管理人员等每天至少两次对装置现场进行相关专业检查；基层车间应至少每周组织一次、基层单位至少每月一次，企业每季度开展一次有针对性的季节性安全风险隐患排查；重大活动、重点时段及节假日前必须进行安全风险隐患排查；企业至少每半年组织一次，基层单位至少每季度组织一次综合性排查和专业排查，两者可结合进行。虽然高校实验室和企业安全风险排查的特点不同，但该导则可以提供有价值的参考。

综合法律规定和部门规章，结合高校实验室的特点，参考危险化学品行业的安全风险隐患排查治理要求，这里给出校级层面安全检查每年不少于四次、院系每月不少于一次的基本要求。实验室应经常性检查，尤其是开展实验活动期间，至少每天结束实验活动时应进行检查、整理。

5.2.2　针对高危实验物品及实验过程开展专项检查

(41) 针对重要危险源(见第15目)，开展定期专项检查。

专项检查是安全检查的重要手段，是常规安全检查的重要补充。

国务院安全生产委员会2020年4月印发的《全国安全生产专项整治三年行动计划》中指出："要强化危险化学品运输、使用和废弃处置安全管理""加强对使用危险化学品从事生产的企业及医院、学校、科研机构等单位的危险化学品的使用安全管理。"

教育部2020年印发的《教育系统安全专项整治三年行动实施方案》和2021年印发的《教育部办公厅关于开展加强高校实验室安全专项行动的通知》都对高校普遍存在的安全问题提出了多项专项整治要求。

5.2.3　安全检查人员应配备专业的防护和计量用具

(42) 安全检查人员要佩戴标识、配备照相器具。进入涉及危化品、生物、辐射等的实验室要穿戴必要的防护装具；检查辐射场所要佩戴个人辐射剂量计；配备必要的测量、计量用具（手持式 VOC 检测仪、声级计、风速仪、电笔、万用表等）。

安全检查中发现问题及时拍照，详细记录隐患，有利于分析原因及隐患整改。

安全检查人员进入实验室现场时，和实验人员一样要面临实验室中的各种风险，所以需要佩戴相应的个体防护用品，进入辐射场所需要佩戴个人辐射剂量计。

安全检查中配备相应的便携式检测仪器有利于及时发现问题，量化安全隐患严重程度，为科学合理整改提供数据参考。

5.3 安全隐患整改

5.3.1 检查中发现的问题应以正式形式通知到相关负责人

（43）通知的方式包括校网上公告、实验室安全简报、书面或电子的整改通知书等形式。

《中华人民共和国安全生产法》中关于安全检查结果处理的规定：

第六十八条 安全生产监督检查人员应当将检查的时间、地点、内容、发现的问题及其处理情况，做出书面记录，并由检查人员和被检查单位的负责人签字；被检查单位的负责人拒绝签字的，检查人员应当将情况记录在案，并向负有安全生产监督管理职责的部门报告。

第七十条 通知应当采用书面形式，有关单位应当予以配合。

实验室安全检查中发现问题及整改要求应书面通知到相关负责人，通知的方式包括校网上公告、实验室安全简报、书面或电子的整改通知书等。仅以口头或电话方式的通知可能因各种理由或原因导致整改延误，这种处理方式本身就是一种安全隐患。

5.3.2 院系须及时组织隐患整改

（44）整改报告应在规定时间内提交学校管理部门。

（45）如存在重大隐患，实验室应立即停止实验活动，整改完成或采取相应防护措施后方能恢复实验。

《中华人民共和国安全生产法》中关于隐患处理和整改的规定：

第六十五条 应急管理部门和其他负有安全生产监督管理职责的部门对检查

中发现的事故隐患,应当责令立即排除;重大事故隐患排除前或者排除过程中无法保证安全的,应当责令从危险区域内撤出作业人员,责令暂时停产停业或者停止使用相关设施、设备;重大事故隐患排除后,经审查同意,方可恢复生产经营和使用。

第七十条　负有安全生产监督管理职责的部门依法对存在重大事故隐患的生产经营单位做出停产停业、停止施工、停止使用相关设施或者设备的决定,生产经营单位应当依法执行,及时消除事故隐患。

《教育部关于加强高校实验室安全工作的意见》第六条"建立安全定期检查制度"中指出:"对存在重大安全隐患的实验室,应当立即停止实验室运行直至隐患彻底整改消除。"

5.4　安全报告

5.4.1　学校有定期/不定期的安全检查通报；院系有安全检查及整改记录

(46) 存有相关资料或电子文档。

《中华人民共和国安全生产法》关于事故隐患排查整治记录的相关要求:

第四十一条　事故隐患排查治理情况应当如实记录,并通过职工大会或者职工代表大会、信息公示栏等方式向从业人员通报。其中,重大事故隐患排查治理情况应当及时向负有安全生产监督管理职责的部门和职工大会或者职工代表大会报告。

第四十六条　生产经营单位的安全生产管理人员应当根据本单位的生产经营特点,对安全生产状况进行经常性检查;对检查中发现的安全问题,应当立即处理;不能处理的,应当及时报告本单位有关负责人,有关负责人应当及时处理。检查及处理情况应当如实记录在案。

《危险化学品企业安全风险隐患排查治理导则》第5.1.1条指出:"对排查中发现的安全风险隐患问题,应当立即组织整改,并对安全风险隐患排查治理情况如实记录,及时向员工通报。"

定期总结整理安全检查结果,有利于总结经验教训,督促整改及促进整体安全改善,必要时还能发挥大数据的作用。

6 实验场所

6.1 场所环境

6.1.1 实验场所应张贴安全信息牌

（47）每个房间门口挂有安全信息牌，信息包括：安全风险点的警示标识、安全责任人、涉及危险类别、防护措施和有效的应急联系电话等，并及时更新。

《中华人民共和国安全生产法》第三十五条规定："生产经营单位应当在有较大危险因素的生产经营场所和有关设施、设备上，设置明显的安全警示标志。"

《中华人民共和国消防法》第十六条规定，机关、团体、企业、事业等单位应"按照国家标准、行业标准配置消防设施、器材，设置消防安全标志，并定期组织检验、维修，确保完好有效"。消防信息非常重要，应根据实验室的实际情况配备合适的消防器材，并明示消防要点。

实验室情况复杂，可以采用将关键信息集合的形式，设置安全信息牌，将实验室基本信息、重要事项和防护措施、消防信息、应急联系电话等信息集中在信息牌上，张贴在实验室门口显著位置（参考图 6-1）。这样不但能提醒每日进出实验室的人员危险源及个体防护要求，而且一旦有状况，现场人员能第一时间联系到负责人和安全员，对事故发生时的外来救援也有提示作用。

危险源情况发生变化时应及时更新信息牌的内容，保证信息与实际情况一致。

6.1.2 实验场所应具备合理的安全空间布局

（48）超过 200 m² 的实验楼层具有至少两处安全出口，75 m² 以上的实验室要有两个出入口。

1. 关于楼层安全出口的要求

GB 55037—2022《建筑防火通用规范》（2023 年 6 月 1 日实施）第 7.4.1 条

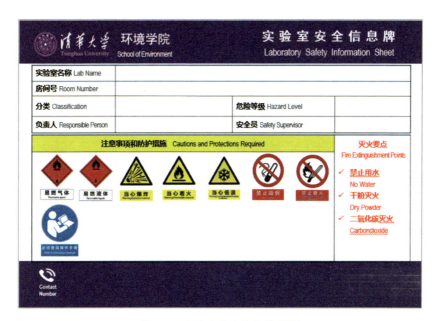

图 6-1　实验室安全信息牌示例

规定：

公共建筑内每个防火分区或一个防火分区的每个楼层的安全出口不应少于 2 个；实验室所在楼宇可以设置 1 个安全出口或 1 部疏散楼梯的公共建筑需要符合的条件是：

（1）建筑面积不大于 200 m² 且人数不大于 50 人的单层公共建筑或多层公共建筑的首层；

（2）实验室所在楼宇满足表 7.4.1 的条件。

表 7.4.1　仅设置 1 个安全出口或 1 部疏散楼梯的公共建筑

建筑的耐火等级或类型	最多层数/层	每层最大建筑面积/m²	人　　数
一、二级	3	200	第二、三层的人数之和不大于 50 人
三级、木结构建筑	3	200	第二、三层的人数之和不大于 25 人
四级	2	200	第二层人数不大于 15 人

2. 关于实验室出入口的要求

GB 55037—2022《建筑防火通用规范》（2023 年 6 月 1 日实施）第 7.4.2 条规定："公共建筑内的每个房间的疏散门不应少于 2 个；教学建筑中的教学用房，当位于走道尽端时,疏散门不应少于 2 个;当教学建筑中的教学用房位于两个安全出口之间或袋形走道两侧且建筑面积不大于 75 m² 时可以设置 1 个疏散门。"

结合建筑物结构种类较多的实际情况,这里给出"超过 200 m² 的实验楼层具有至少 2 处安全出口,75 m² 以上的实验室要有 2 个出入口"的底线要求。

(49) 实验楼大走廊保证留有大于 1.5 m 净宽的消防通道。

JGJ 91—2019《科研建筑设计标准》第 4.1.6 条规定,走道最小净宽规定单面布房不小于 1.5 m,双面布房不小于 1.8 m。

综合标准的要求,结合目前高校用房的实际情况,做出实验楼大走廊必须保证留有不小于 1.5 m 净宽的消防通道的底线要求。

(50) 实验室操作区层高不低于 2 m。

GB 55031—2022《民用建筑通用规范》第 3.2.7 条规定:"建筑的室内净高应满足各类型功能场所空间净高的最低要求,地下室、局部夹层、公共走道、建筑避难区、架空层等有人员正常活动的场所最低处室内净高不应小于 2.00 m。"

建筑设计对层高有 2 m 的最低限度要求,过低不仅不符合人体工学原理,对实验室来说还会增大人因事故的概率,从而成为安全隐患的根源。

(51) 理工农医类实验室内多人同时进行实验时,人均操作面积不小于 2.5 m²。

参考建标 191—2018《普通高等学校建筑面积指标》附录 A 中的十二项校舍建筑面积指标及表 6 按学科分的实验实习用房建筑面积指标(含研究生补助指标):

附录 A-1

学校类别	综合大学(1)			综合大学(2)			师范、民族院校		
学科结构	文法类 60%、理工类 40%			理工类 60%、文法类 40%			文法类 45%、理工类 40%、艺术类 10%、体育类 5%		
办学规模	5000	10000	20000	5000	10000	20000	5000	10000	20000
1. 教室	2.83	2.83	2.83	2.88	2.88	2.88	2.88	2.88	2.88
2. 实验实习用房	5.43	4.63	4.00	6.75	5.76	5.02	5.66	4.77	4.02
3. 图书馆	2.02	1.74	1.54	2.00	1.71	1.50	2.02	1.74	1.54
4. 室内体育用房	1.11	1.37	1.05	1.11	1.37	1.05	1.11	1.37	1.05
5. 校行政办公用房	0.80	0.70	0.60	0.80	0.70	0.60	0.80	0.70	0.60
6. 院系及教师办公用房	1.31	1.27	1.23	1.31	1.27	1.23	1.31	1.27	1.23
7. 师生活动用房	0.40	0.35	0.30	0.40	0.35	0.30	0.40	0.35	0.30

续表

学校类别	综合大学(1)			综合大学(2)			师范、民族院校		
学科结构	文法类60%、理工类40%			理工类60%、文法类40%			文法类45%、理工类40%、艺术类10%、体育类5%		
办学规模	5000	10000	20000	5000	10000	20000	5000	10000	20000
8. 会堂	0.36	0.30	0.24	0.36	0.30	0.24	0.36	0.30	0.24
9. 学生宿舍(公寓)	10.00	10.00	10.00	10.00	10.00	10.00	10.00	10.00	10.00
10. 食堂	1.30	1.25	1.20	1.30	1.25	1.20	1.30	1.25	1.20
11. 单身教师宿舍(公寓)	0.50	0.40	0.40	0.50	0.40	0.40	0.50	0.40	0.40
12. 后勤及附属用房	1.94	1.77	1.57	1.94	1.77	1.57	1.94	1.77	1.57
十二项指标合计	28.00	26.61	24.96	29.35	27.76	25.99	28.28	26.80	25.03

附录 A-2

学校类别	理工院校			农林院校			医药院校		
学科结构	理工类70%、文法类30%			理工类70%、文法类30%			医学类90%、文法类10%		
办学规模	5000	10000	20000	5000	10000	20000	5000	10000	20000
1. 教室	2.95	2.95	2.95	2.84	2.84	2.84	2.75	2.75	2.75
2. 实验实习用房	7.43	6.33	5.56	7.43	6.33	5.56	7.40	6.60	6.36
3. 图书馆	2.00	1.71	1.50	2.00	1.71	1.50	2.00	1.71	1.50
4. 室内体育用房	1.11	1.37	1.05	1.11	1.37	1.05	1.11	1.37	1.05
5. 校行政办公用房	0.80	0.70	0.60	0.80	0.70	0.60	0.80	0.70	0.60
6. 院系及教师办公用房	1.31	1.27	1.23	1.31	1.27	1.23	1.31	1.27	1.23
7. 师生活动用房	0.40	0.35	0.30	0.40	0.35	0.30	0.40	0.35	0.30
8. 会堂	0.36	0.30	0.24	0.36	0.30	0.24	0.36	0.30	0.24
9. 学生宿舍(公寓)	10.00	10.00	10.00	10.00	10.00	10.00	10.00	10.00	10.00
10. 食堂	1.30	1.25	1.20	1.30	1.25	1.20	1.30	1.25	1.20
11. 单身教师宿舍(公寓)	0.50	0.40	0.40	0.50	0.40	0.40	0.50	0.40	0.40
12. 后勤及附属用房	1.94	1.77	1.57	1.94	1.77	1.57	1.94	1.77	1.57
十二项指标合计	30.10	28.40	26.60	29.99	28.29	26.49	29.87	28.47	27.20

表 6　按学科分的实验实习用房建筑面积指标　　　　m^2/生

学科	学科规模								研究生补助指标	
	500	1000	2000	3000	4000	5000	10000(8000)	15000	硕士生	博士生
工学	12.93	11.05	9.53	8.77	8.27	7.93	7.26	7.15	6.00	8.00
理、农(林)、医学	12.90	10.91	9.31	8.53	8.01	7.66	6.98	6.87	6.00	8.00
文学	2.43	1.39	0.98	0.88	0.83	0.80	0.77	0.76	4.00	6.00
外语、经济、法学、管理学	2.94	2.32	1.88	1.72	1.62	1.53	1.26	1.10	4.00	6.00
艺术	15.02	12.64	10.60	9.27	8.37	7.77	(6.91)	—	6.00	—
(师范艺术、艺术设计)	12.32	9.78	7.61	6.64	6.20	6.00	—	—	4.00	6.00
体育	1.98	1.72	1.58	1.48	1.39	1.32	(1.14)	—	4.00	6.00

从表 6 中可以看出,理工科研究生人均建筑面积应在 13 m^2 以上。高校实验室面积极其紧缺,部分实验室可能达不到上述指标,鉴于科研实验室一般不会全员同时开展实验,所以这里给出人均使用面积不小于 2.5 m^2 的底线要求。

6.1.3　实验室消防通道通畅,公共场所不堆放仪器和物品

(52) 保持消防通道通畅。

《中华人民共和国消防法》对保持消防通道通畅有严格的规定:

第十六条　机关、团体、企业、事业等单位应当履行下列消防安全职责:(四)保障疏散通道、安全出口、消防车通道畅通,保证防火防烟分区、防火间距符合消防技术标准;

第二十八条　任何单位、个人不得损坏、挪用或者擅自拆除、停用消防设施、器材,不得埋压、圈占、遮挡消火栓或者占用防火间距,不得占用、堵塞、封闭疏散通道、安全出口、消防车通道。人员密集场所的门窗不得设置影响逃生和灭火救援的障碍物。

《高等学校消防安全管理规定》第三十条指出:"对占用、堵塞、封闭消防通道、安全出口等违反消防安全规定的行为,检查、巡查人员应当责成有关人员改正并督促落实。"

可以看出,不应占用楼宇疏散通道堆放仪器、设备、物品等,也不能占用消防通

道开展实验工作。

6.1.4 实验室建设和装修应符合消防安全要求

(53) 实验操作台应选用合格的防火、耐腐蚀材料。

实验台应符合 GB 24820—2009《实验室家具通用技术条件》的具体要求,台面应根据使用要求选择,一般应具有耐磨、耐腐、耐火、耐高温、防水及易清洗等性能。

常用的实验台面材料有理化板、环氧树脂、陶瓷板等。

(54) 仪器设备安装符合建筑物承重荷载要求。

仪器设备进入实验室则成为实验室所在建筑物的活荷载。GB 50009—2012《建筑结构荷载规范》中表 5.1.1 给出了实验室的活荷载标准值为 2.0 kN/m^2,当仪器的重量超过或接近这一数值时,必须经过建筑专业人士计算和评估,才能做出是否可以进入实验室的决定。

表 5.1.1 民用建筑楼面均布活荷载标准值及其组合值、频遇值和准永久值系数

项次	类别	标准值 /(kN/m^2)	组合值系数 ψ_c	频遇值系数 ψ_f	准永久值系数 ψ_q
1	(1) 住宅、宿舍、旅馆、办公楼、医院病房、托儿所、幼儿园	2.0	0.7	0.5	0.4
	(2) 实验室、阅览室、会议室、医院门诊室	2.0	0.7	0.6	0.5

对于大型超重仪器应充分考虑建筑物的荷载能力,听从专业人士指导,不可贸然行事。

(55) 有可燃气体的实验室不设吊顶。

JGJ 345—2014《公共建筑吊顶工程技术规程》第 4.1.10 条规定:"吊顶内不得铺设可燃气体管道。"

吊顶内会形成相对密闭的空间,使用可燃气体的实验室如果吊顶,一旦可燃气体在吊顶内聚积,极易发生火灾爆炸等严重事故。

使用可燃气体的其他要求参见安全检查项目表 9.6。

(56) 不用的配电箱、插座、水管水龙头、网线、气体管路等,应及时拆除或封闭。

废旧设施或多或少有结构或功能上的缺陷,留在实验室就是潜在的隐患,即使

功能全部去除,不及时清理也会使实验室混乱。实验室应及时拆除停用的或与现有功能、设备不匹配的废旧设施,避免错用、漏水、漏电等而引发事故。

(57)实验室门上有观察窗,外开门不阻挡逃生路径。

JGJ 91—2019《科研建筑设计标准》第 4.1.15 款规定:"实验室的门扇应设观察窗、闭门器及门锁,门锁及门的开启方向宜开向疏散方向,并应符合相应实验环境的防火、防爆及防盗要求。"

实验室内外都可透过观察窗观察周围情况。有的实验室习惯在门后挂工作服等物品,这种情况下应注意不要遮挡观察窗。

实验室外开门打开时,应不影响疏散通道在应急情况下的逃生路径,门本身不能成为疏散通道上的障碍物。

6.1.5 实验室所有房间均须配有应急备用钥匙

(58)应急备用钥匙须集中存放、统一管理,应急时方便取用。

没有备用钥匙(门禁卡)或仅由实验室负责人持有,一旦该实验室有异常情况或受到周围事故(事件)的牵连需要进入室内查看或应急处理时,如果钥匙持有人不能及时赶到现场,可能影响解决问题的进度、贻误救援时机,甚至造成不必要的损失。

备用钥匙(门禁卡)一般由实验室所在楼宇的门卫或物业负责管理。

6.1.6 实验设备须做好振动减振、电磁屏蔽和降噪

(59)容易产生振动的设备,须考虑采取合理的减振措施。

振动属于工作场所的有害因素,首先应采取工程控制措施降低其影响,其次采用组织管理、个体防护等手段。其量值不允许超过 GBZ 2.2—2007《工作场所有害因素职业接触限值 第 2 部分:物理因素》中的规定。

JGJ 91—2019《科研建筑设计标准》第 4.7.2 款中第三条规定:"对有防振要求的仪器、设备,应采取防振措施,使振动小于仪器、设备的允许振动值,产生振动的试验设备及动力设施应采取隔振措施。"

振动对装置本身、周围环境和实验室内人员都会产生不利影响,采取减振措施,不仅能避免对周围教学科研的干扰,同时还能提高设备的稳定性,避免安全隐患。

（60）易对外产生磁场或易受磁场干扰的设备，须做好磁屏蔽。

电磁场属于工作场所的有害因素，首先应采取工程控制措施，做好磁屏蔽，尽可能降低其对操作者和周围环境的影响，其次采用组织管理和个体防护等手段。其量值不允许超过 GB 8702—2014《电磁环境控制限值》、GBZ 2.2—2007《工作场所有害因素职业接触限值　第 2 部分：物理因素》中的规定。

GB 8702—2014《电磁环境控制限值》中的表 1 规定了公众曝露控制限值：

表 1　公众曝露控制限值

频率范围	电场强度 E /(V/m)	磁场强度 H /(A/m)	磁感应强度 B /μT	等效平面波功率密度 S_{eq}/(W/m²)
1～8 Hz	8000	$32000/f^2$	$40000/f^2$	—
8～25 Hz	8000	$4000/f$	$5000/f$	—
0.025～1.2 kHz	$200/f$	$4/f$	$5/f$	—
1.2～2.9 kHz	$200/f$	3.3	4.1	—
2.9～57 kHz	70	$10/f$	$12/f$	—
57～100 kHz	$4000/f$	$10/f$	$12/f$	—
0.1～3 MHz	40	0.1	0.12	4
3～30 MHz	$67/f^{1/2}$	$0.17/f^{1/2}$	$0.21/f^{1/2}$	$12/f$
30～3000 MHz	12	0.032	0.04	0.4
3000～15000 MHz	$0.22f^{1/2}$	$0.00059f^{1/2}$	$0.00074f^{1/2}$	$f/7500$
15～300 GHz	27	0.073	0.092	2

注 1：0.1～300 GHz 频率，场量参数是任意连续 6 分钟内的均方根值。

注 2：100 kHz 以下频率，需同时限制电场强度和磁感应强度；100 kHz 以上频率，在远场区，可以只限制电场强度或磁场强度，或等效平面波功率密度，在近场区，需同时限制电场强度和磁场强度。

注 3：架空输电线路线下的耕地、园地、牧草地、畜禽饲养地、养殖水面、道路等场所，其频率 50 Hz 的电场强度控制限值为 10 kV/m，且应给出警示和防护指示标识。

GBZ 2.2—2007《工作场所有害因素职业接触限值　第 2 部分：物理因素》中的表 1～表 3 分别对各种物理因素的限值做了规定：

表 1　工作场所超高频辐射职业接触限值

接触时间/h	连续波		脉冲波	
	功率密度 /(mW/cm²)	电场强度 /(V/m)	功率密度 /(mW/cm²)	电场强度 /(V/m)
8	0.05	14	0.025	10
4	0.10	19	0.050	14

表 2　工作场所高频电磁场职业接触限值

频率/MHz	电场强度/(V/m)	磁场强度/(A/m)
$0.1 \leqslant f \leqslant 3.0$	50	5
$3.0 < f \leqslant 30$	25	—

表 3　工作场所工频电场职业接触限值

频率/Hz	电场强度/(kV/m)
50	5

（61）实验室噪声一般不高于 55 分贝（机械设备不高于 70 分贝）。

噪声属于工作场所的有害因素，应依次采取工程控制、组织管理、个体防护等措施降低其影响，量值不允许超过 GBZ 2.2—2007《工作场所有害因素职业接触限值　第 2 部分：物理因素》中的规定。

从职业健康的角度看，GBZ 2.2—2007《工作场所有害因素职业接触限值　第 2 部分：物理因素》中规定噪声的接触限值为 85 dB(A)(5 d×8 h)。超过这个值会对人员造成职业伤害，并造成严重后果。

从对周边环境的干扰看，GB 3096—2008《声环境质量标准》对声环境功能区进行了分类，将文化教育、科研设计划分为 1 类声环境功能区，其噪声限值为昼间 55 dB(A)。

JGJ 91—2019《科研建筑设计标准》中第 6.2.2 款规定："实验室内的允许噪声级宜小于或等于 45 dB(A)。"

参考以上规范限值，要求实验室内的噪声一般不高于 55 dB(A)，以机械设备为主的实验室噪声不高于 70 dB(A)，并可采取隔声、降噪、吸声等手段进行处理。

6.1.7　实验室水、电、气管线布局合理，安装施工规范

实验室给水、排水、污水处理等与水有关的设计施工应符合 JGJ 91—2019《科研建筑设计标准》中第七部分"给水排水"的规定。

实验室用电的设计施工应符合 JGJ 91—2019《科研建筑设计标准》中第九部分"建筑电气"的相关规定。

实验室气体管道的设计施工应符合 JGJ 91—2019《科研建筑设计标准》中第十

部分"气体管道"的规定。

安全检查中常见的水、电、气方面的安全隐患有：电插座安装在水龙头附近，用水可能溅到插座上而引起短路；紧急喷淋下方有用电设备或电插座；电路不做设计，用电就扯插线板，有时电线穿越过道；气路装在暖气片附近，甚至穿过暖气片内侧；可燃气体和助燃气体管线的距离小于标准限制等。详见图6-2。

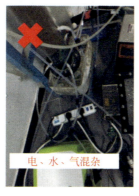

图 6-2　实验室中的水、电、气安全隐患示例

（62）采用管道供气的实验室，输气管道及阀门无漏气现象，并有明确标识。供气管道有名称和气体流向标识，无破损。

如果实验室气体管道的公称直径大于 25 mm，则可能属于特种设备范畴，应按照 TSG D0001—2009《压力管道安全技术检查规程——工业管道》进行设计、安装、检验、使用及维护。一般实验室气体管路指标达不到这个级别。

实验室气体管路常见的隐患有：气体管路穿过墙体不设套管、可燃气和助燃气管路的距离及与实验室内其他管路的距离过近（如图 6-3 所示）、可燃气体管路用螺口连接等。相应的要求在 JGJ 91—2019《科研建筑设计标准》中都有规定，应逐条对标检查，以排除用气隐患。

（63）高温、明火设备放置位置与气体管道有安全间隔距离。

气体管路要远离高温和明火设备，这是毋庸置疑的。

容易忽视的一个热源是北方地区的暖气片，供暖季实验室里的暖气片温度很高，如果气瓶/气体管路的安装位置离暖气片太近，就会造成用气安全隐患。因此，气体管路的设计安装应远离暖气片，尤其是可燃气体管路必须离开暖气的直接热辐射范围，避免高温引发意外。

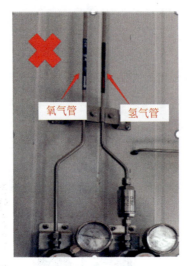

图 6-3 实验室中的气体管道安全隐患示例

各种管道的间隔要求见 JGJ 91—2019《科研建筑设计标准》中的表 10.1.10：

表 10.1.10 室内气体管道间距

管线名称	乙炔管 最小并行间距/m	乙炔管 最小交叉间距/m	氧气管 最小并行间距/m	氧气管 最小交叉间距/m	不燃气体管 最小并行间距/m	不燃气体管 最小交叉间距/m	氢气管 最小并行间距/m	氢气管 最小交叉间距/m	燃气管 最小并行间距/m	燃气管 最小交叉间距/m
给水管、排水管	0.25	0.25	0.25	0.10	0.15	0.10	0.25	0.25	0.25	0.02
热力管(蒸汽压力不超过 1.3 MPa)	0.25	0.25	0.25	0.25	0.15	0.10	0.25	0.25	0.25	0.02
不燃气体管	0.25	0.25	0.25	0.10	0.15	0.10	0.25	0.25	0.25	0.02
燃气管、燃油管	0.50	0.25	0.50	0.25	0.25	0.10	0.50	0.25	0.25	0.02
氧气管	0.50	0.25	—	—	0.25	0.10	0.50	0.25	0.25	0.02
乙炔管	—	—	—	—	0.25	0.25	—	—	0.25	0.02
滑触线	3.00	0.50	1.50	0.50	1.00	0.50	3.00	0.50	0.25	0.10
裸导线	2.00	0.50	1.00	0.50	1.00	0.50	2.00	0.50	1.00	1.00
绝缘导线和电路	1.00	0.50	0.50	0.30	—	—	1.00	0.50	明装 0.25；暗装 0.05	明装 0.10；暗装 0.01
穿有导线的电线管	1.00	0.25	0.50	0.10	0.10	0.10	1.00	0.25	0.50	0.10
插接式母线、悬挂式干线	3.00	1.00	1.50	0.50	—	—	3.00	1.00	0.30	不允许
非防爆型开关、插座、配电箱等	3.00	3.00	1.50	1.50	—	—	3.00	1.00	0.30	不允许

(64) 实验室改造工程应经过审批后实施。

教育部《高等学校实验室安全规范》第二十二条"实验室建筑安全保障"中规定："实验室工程项目(新建、改建、扩建、维修及装修等)在论证、立项、建设及验收时，应当依法依规进行，并通过学校实验室安全职能部门组织的审核后，方可实施。"

实验人员大部分不是建筑方面的专家，不经专业审核的装、维修，很可能破坏原有设计的合理性，也可能改变已有危险源的管理状态。

6.2 卫生与日常管理

6.2.1 实验室分区应相对独立，布局合理

(65) 有毒有害实验区与学习区明确分开，合理布局，重点关注化学、生物、辐射、激光等类别的实验室。如部分区域分区不明显，现场查看有毒有害物质的管理须对工作环境无健康危害。

JGJ 91—2019《科研建筑设计标准》中第 4.1.1 款对科研办公区的要求指出："科研办公区宜独立布置，也可以与其他科研区域混合布置，混合布置或贴邻布置时，应避免互扰，并对污染采取相应的防治措施。"

有毒有害实验区与学习区明确分开，尽量做到物理隔离，避免污染、感染甚至误食、误伤等危害。如实验区与学习区无法明确分开，则实验室内的空气质量以国标 GB/T 18883—2022《室内空气质量标准》、职业卫生标准 GBZ 2.1—2019《工作场所有害因素职业接触限值　第 1 部分：化学有害因素》和 GBZ 2.2—2007《工作场所有害因素职业接触限值　第 2 部分：物理因素》中的规定作为底线判断标准。

6.2.2 实验室环境应整洁卫生有序

(66) 实验室物品摆放有序，卫生状况良好，实验完毕物品归位，无废弃物品、不放无关物品。

整齐有序是实验室安全的基础，养成良好的习惯，不仅是实验室安全的前提，还是顺利开展实验并获取可靠数据的保证。

(67) 不在实验室睡觉，不存放和烧煮食物、饮食，禁止吸烟，不使用可燃性蚊香。

实验室危险源多,在实验室睡觉可能意外触发险情,而发生意外时浑然不觉;在实验室内饮食可能导致误食、食品污染等状况发生。因此,禁止在实验室睡觉和饮食应成为常识。

蚊香和吸烟都是明火,很容易成为随机火种,所以实验室严禁使用蚊香,而很多城市已经禁止在建筑物内吸烟,实验室内更应如此。

6.2.3 实验室有卫生安全制度

(68)实验期间有记录。

实验室应根据实际制定卫生安全制度,遵照执行,并做好记录。不限于值日、值周还是其他,人员也不限于学生、老师、专职内务、聘请的外部服务,均按照内部规则有序运行,以保持实验室良好的环境秩序。

6.3 场所其他安全

6.3.1 每间实验室均有编号并登记造册

(69)现场查看门牌,查阅档案。

实验室有名称与编号,能够清晰准确地定位实验室是安全管理的基础。

6.3.2 危险性实验室应配备急救物品

(70)配备的药箱不得上锁,并定期检查药品是否在保质期内。

《中华人民共和国职业病防治法》第二十五条规定:"对可能发生急性职业损伤的有毒、有害工作场所,用人单位应当设置报警装置,配置现场急救用品、冲洗设备、应急撤离通道和必要的泄险区。"

急救设施及药品配备可参照 GBZ 1—2010《工业企业设计卫生标准》的相关规定:

8.3 有可能发生化学性灼伤及经皮肤黏膜吸收引起急性中毒的工作地点或车间,应根据可能产生或存在的职业性有害因素及其危害特点,在工作地点就近设置现场应急处理设施。急救设施应包括:不断水的冲淋、洗眼设施,气体防护柜,个人防护用品,急救包或急救箱及急救药品,转运病人的担架和装置,急救处理的设施及应急救援通信设备等。

8.3.3 急救箱应当设置在便于劳动者取用的地点,配备内容可根据实际需要参照附录A表A.4确定,并由专人负责定期检查和更新。

表 A.4 急救箱配置参考清单

药 品 名 称	储存数量	用　　途	保质(使用)期限
医用酒精	1瓶	消毒伤口	
新洁而灭酊	1瓶	消毒伤口	
过氧化氢溶液	1瓶	清洗伤口	
0.9%的生理盐水	1瓶	清洗伤口	
2%碳酸氢钠	1瓶	处置酸灼伤	
2%醋酸或3%硼酸	1瓶	处置碱灼伤	
解毒药品	按实际需要	职业中毒处置	有效期内
脱脂棉花、棉签	2包、5包	清洗伤口	
脱脂棉签	5包	清洗伤口	
中号胶布	2卷	粘贴绷带	
绷带	2卷	包扎伤口	
剪刀	1把	急救	
镊子	1个	急救	
医用手套、口罩	按实际需要	防止施救者被感染	
烫伤软膏	2支	消肿/烫伤	
保鲜纸	2包	包裹烧伤、烫伤部位	
创可贴	8贴	止血护创	
伤湿止痛膏	2贴	瘀伤、扭伤	
冰袋	1个	瘀伤、肌肉拉伤或关节扭伤	
止血带	2个	止血	
三角巾	2包	受伤的上肢、固定敷料或骨折处等	
高分子急救夹板	1副	骨折处理	
眼药膏	2支	处理眼睛	有效期内
洗眼液	2支	处理眼睛	有效期内
防暑降温药品	5盒	夏季防暑降温	有效期内
体温计	2支	测体温	
急救、呼吸气囊	1个	人工呼吸	
雾化吸入器	1个	应急处置	
急救毯	1块	急救	
手电筒	2个	急救	
急救使用说明	1本		

急救物品常用于轻微物理伤害的处理及其他伤害的前期处理,上锁会使其急救功能打折扣,所以急救箱平日不得上锁。一般药品和材料都有保质期,所以必须经常检查,进行更新和补充,保证救急药箱在关键时刻能有效发挥作用。

急救药箱的存放地点应在应急需求时方便易得的位置,并要远离实验室危险源,避免受到污染。

6.3.3 停用的实验室有安全防范措施和明显标识

(71) 查看现场。

停用的实验室中的危险源仍然是客观存在,其危险性不一定全部解除,如果疏于管理,其风险可能更大。在彻底清理危险源之前,应张贴明显标识,且有安全防范措施。

7 安全设施

教育部《高等学校实验室安全规范》第二十条"物资与设施保障"中规定：

（一）高校应加强安全物资保障，配备必要的安全防护设施和器材，建立能够保障实验人员安全与健康的工作环境。

（二）实验室配备合适的消防设施，并定期开展使用训练。

（三）对存在受到化学和生物伤害可能的区域，配置应急喷淋和洗眼装置。

（四）重点场所安装门禁和监控设施，并有专人管理。

7.1 消防设施

7.1.1 实验室应配备合适的灭火设备，并定期开展使用训练

(72) 烟感报警器、灭火器、灭火毯、消防砂、消防喷淋等，应正常有效、方便取用。

《中华人民共和国消防法》第十六条规定："机关、团体、企业、事业等单位应当履行下列消防安全职责：按照国家标准、行业标准配置消防设施、器材，设置消防安全标志，并定期组织检验、维修，确保完好有效。"第二十八条规定："任何单位、个人不得损坏、挪用或者擅自拆除、停用消防设施、器材，不得埋压、圈占、遮挡消火栓或者占用防火间距，不得占用、堵塞、封闭疏散通道、安全出口、消防车通道。"

《高等学校消防安全管理规定》第十一条规定："学校二级单位和其他驻校单位应当履行下列消防安全职责：按规定配置消防设施、器材并确保其完好有效。"

教育部《高等学校实验室安全规范》第二十条"物资与设施保障"中规定："（一）高校加强安全物资保障，配备必要的安全防护设施和器材，建立能够保障实验人员安全与健康的工作环境。（二）实验室配备合适的消防设施，并定期开展使用训练。"

消防设施及器材应根据本实验室危险源的特点选配，并符合 GB 55036—2022《消防设施通用规范》、GB 50140—2005《建筑灭火器配置设计规范》。GB 55036—2022《消防设施通用规范》第 10.0.4 条规定："灭火器应设置在位置明显和便于取

用的地点,且不应影响人员安全疏散。当确需设置在有视线障碍的设置点时,应设置指示灭火器位置的醒目标志。"一个计算单元内配置的灭火器数量应经计算确定且不少于 2 具,每个设置点的灭火器数量不宜多于 5 具。

(73) 灭火器种类配置正确,且在有效期内(压力指针位置正常等),保险销正常,瓶身无破损、腐蚀。

GB 55036—2022《消防设施通用规范》第 10.0.1 条规定:

10.0.1 灭火器的配置类型应与配置场所的火灾种类和危险等级相适应,并应符合下列规定:

1. A 类火灾场所应选择同时适用于 A 类、E 类火灾的灭火器。

2. B 类火灾场所应选择适用于 B 类火灾的灭火器。B 类火灾场所存在水溶性可燃液体(极性溶剂)且选择水基型灭火器时,应选用抗溶性的灭火器。

3. C 类火灾场所应选择适用于 C 类火灾的灭火器。

4. D 类火灾场所应根据金属的种类、物态及其特性选择适用于特定金属的专用灭火器。

5. E 类火灾场所应选择适用于 E 类火灾的灭火器。带电设备电压超过 1 kV 且灭火时不能断电的场所不应使用灭火器带电扑救。

6. F 类火灾场所应选择适用于 E 类、F 类火灾的灭火器。

7. 当配置场所存在多种火灾时,应选用能同时适用扑救该场所所有种类火灾的灭火器。

GB 55036—2022《消防设施通用规范》第 10.0.7 条规定:"灭火器应定期维护、维修和报废。"灭火器的压力指针应在正常区域,过高和过低都不能保证其正常发挥灭火作用;合格的灭火器应该瓶身正常、保险销正常。灭火器一经使用,必须进行维修或报废。

7.1.2 紧急逃生疏散路线通畅

(74) 在显著位置张贴有紧急逃生疏散路线图,疏散路线图的逃生路线应有两条(含)以上,路线与现场情况符合。

紧急疏散安全出口要求至少有 2 个,满足一定条件时可以只有 1 个,见第 48 目。

实验室紧急疏散图应符合 GB/T 25894—2010《疏散平面图 设计原则与要求》,疏散路线图应准确、清晰,张贴在显著位置,图 A.1～A.4 是国家标准中的几个示例:

7 安全设施

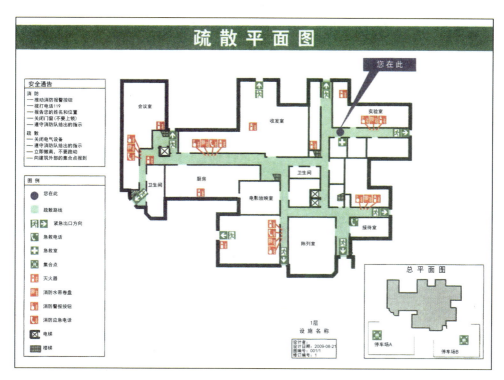

图 A.1　不带有方向箭头的疏散平面图示例——整个楼层

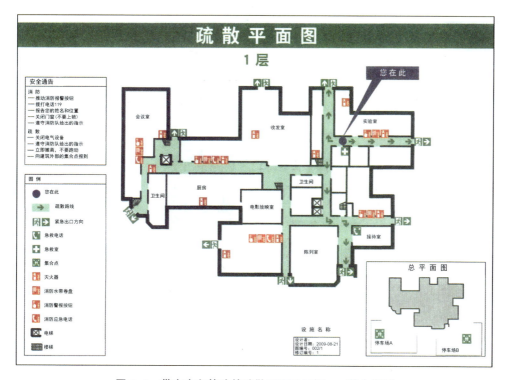

图 A.2　带有方向箭头的疏散平面图示例——整个楼层

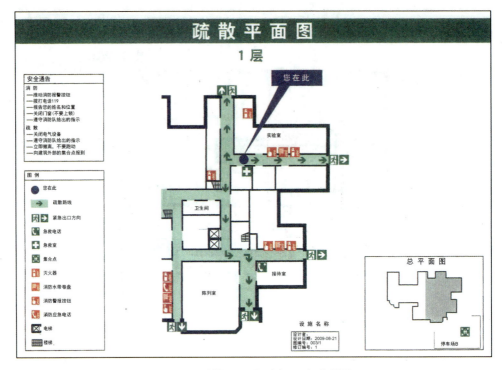

图 A.3 疏散平面图示例——部分楼层

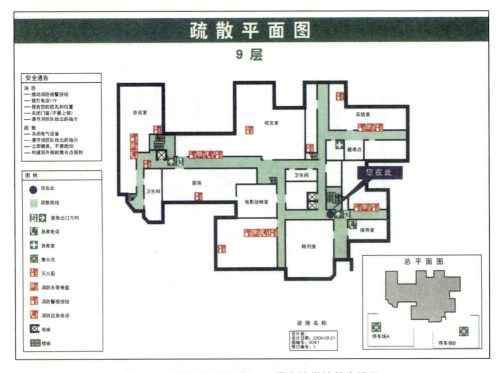

图 A.4 疏散平面图示例——带有楼梯的整个楼层

(75) 主要逃生路径(室内、楼梯、通道和出口处)有足够的紧急照明灯,功能正常,并设置有效标志指示逃生方向。

逃生路径、紧急照明灯、逃生标识等应按 GB 17945—2010《消防应急照明和疏散指示系统》、GB 15630—1995《消防安全标志设置要求》等国家标准设置。

(76) 人员应熟悉紧急疏散路线及火场逃生注意事项(现场调查人员熟悉程度)。

依照《高等学校消防安全管理规定》的要求,所有人员应接受消防安全培训和应急疏散演练,熟悉紧急疏散路线及火场逃生注意事项。

GB/T 40248—2021《人员密集场所消防安全管理》第 5.11.2 条规定:"员工应熟悉本工作场所消防设施、器材及安全出口的位置,参加单位灭火和应急疏散预案演练。"实验室未必是人员密集场所,但由于风险高,可以参照人员密集场所消防演练的要求进行。

7.2 应急喷淋与洗眼装置

7.2.1 存在燃烧、腐蚀等风险的实验区域,须配置应急喷淋和洗眼装置

《中华人民共和国职业病防治法》第二十五条规定:"对可能发生急性职业损伤的有毒、有害工作场所,用人单位应当设置报警装置,配置现场急救用品、冲洗设备、应急撤离通道和必要的泄险区。"

教育部《高等学校实验室安全规范》第二十条"物资与设施保障"中规定:"(三)存在受到化学和生物伤害可能的区域,配置应急喷淋和洗眼装置。"参照 GBZ 1—2010《工业企业设计卫生标准》的相关规定:

6.1.7 可能存在或产生有毒物质的工作场所应根据有毒物质的理化特性和危害特点配备现场急救用品,设置冲洗喷淋设备、应急撤离通道、必要的泄险区及风向标。

8.3 有可能发生化学性灼伤及经皮肤黏膜吸收引起急性中毒的工作地点或车间,应根据可能产生或存在的职业性有害因素及其危害特点,在工作地点就近设置现场应急处理设施。急救设施应包括:不断水的冲淋、洗眼设施,气体防护柜,

个人防护用品,急救包或急救箱及急救药品,转运病人的担架和装置,急救处理的设施及应急救援通信设备等。

8.3.2 冲淋、洗眼设施应靠近可能发生相应事故的工作地点。

参照 HG 20571—2014《化工企业安全卫生设计规范》第 5.1.6 条和第 5.6.5 条的规定:"在液体毒性危害严重和具有化学灼伤危险的作业场所,应设计洗眼器、淋洗器等安全防护措施,淋洗器、洗眼器的服务半径应不大于 15 m。"

实验人员可能发生化学性伤害,尤其是存在燃烧和腐蚀风险的实验区域,须配置应急喷淋和洗眼装置。

(77)应急喷淋和洗眼装置的区域有显著标志。

GB/T 38144.2—2019《眼面部防护 应急喷淋和洗眼设备 第 2 部分:使用指南》第 5.6 条"警示装置"中规定:"在应急喷淋和洗眼设备的使用范围内宜有高度可视且明显的警示标志,附近宜有良好的照明条件。"

7.2.2 应急喷淋与洗眼装置安装合理,并能正常使用

(78)应急喷淋安装地点与工作区域之间畅通,距离不超过 30 m。应急喷淋安装位置合适,拉杆位置合适、方向正确。应急喷淋装置水管总阀为常开状态,喷淋头下方 410 mm 范围内无障碍物。

应急喷淋和洗眼装置的安装和使用参照 GB/T 38144—2019《眼面部防护 应急喷淋和洗眼设备》的相关要求执行。检查条目列出的参数仅列出了安全检查时经常发现的隐患。

GB/T 38144.2—2019《眼面部防护 应急喷淋和洗眼设备 第 2 部分:使用指南》第 5.2.1 条规定:"应急喷淋和洗眼设备宜安装在作业人员 10 s 内能够到达的区域内,并与可能发生危险的区域处于同一平面上,同时需考虑在前往设备的路线中避免障碍物的阻挡。"这里按照一般步速给出不超过 30 m 的距离限定。

GB/T 38144.2—2019《眼面部防护 应急喷淋和洗眼设备 第 1 部分:技术要求》第 5.2.1.6 条指出:"应急喷淋一旦启动就能使用,不需要使用者再次手动操作才能使用。所以水管总阀必须常开。"第 5.2.1.4 条规定:"喷淋范围的中心距离任何障碍物的最小距离应为 410 mm。"所以喷淋头下方 410 mm 范围内应无障碍物。

应该注意,如果在应急喷淋和洗眼装置维护过程中需要关闭安装在管线上的阀门,则在维护工作完成后必须及时打开总阀,使设备恢复到正常使用状态。

应急喷淋器的安装位置如图 7-1 所示。

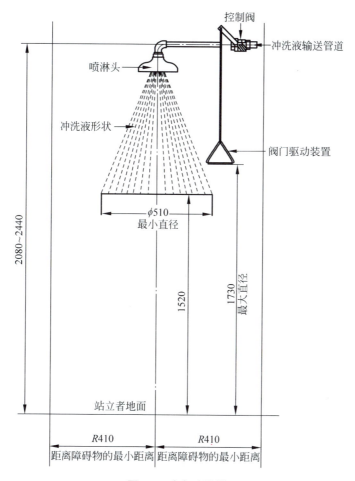

图 7-1 应急喷淋器

(79) 不能以普通淋浴装置代替应急喷淋装置。

GB 50015—2019《建筑设计给水排水设计标准》第 3.2.12 条给出普通淋浴器的额定流量为 0.15 L/s(合 9 L/min),远不能达到 GB/T 38144.1—2019《眼面部防护 应急喷淋和洗眼设备 第 1 部分:技术要求》第 5.2.1.2 条要求的"应以至少 76 L/min 的流量提供冲洗液、保持连续冲洗至少 15 min"的要求,由此可见,不能以普通淋浴装置代替应急喷淋装置。

（80）洗眼装置接入生活用水管道，应至少以 1.5 L/min 的流量供水，水压适中，水流畅通平稳。

GB/T 38144.1—2019《眼面部防护　应急喷淋和洗眼设备　第 1 部分：技术要求》第 6.2.1.8 条规定："洗眼器应以至少 1.5 L/min 的流量提供冲洗液，保持连续冲洗至少 15 min。"第 6.2.1.10 条规定："冲洗液应包含在位于洗眼喷头上方小于 200 mm 处的标准尺内部和外部之间的区域线内，也就是水流高度最大值为 200 mm。"详见图 7-2。

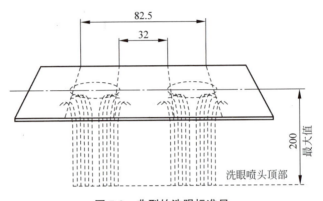

图 7-2　典型的洗眼标准尺

7.2.3　定期对应急喷淋与洗眼装置进行维护

（81）经常对应急喷淋与洗眼装置进行维护，无锈水、脏水，有检查记录。

GB/T 38144.2—2019《眼面部防护　应急喷淋和洗眼设备　第 2 部分：使用指南》指出：

8.1　建议至少每周一次对应急喷淋和洗眼设备进行操作检查与维护并记录。

8.2　维护持续时间宜由设备内和处于不持续流动状况的管道段（也叫"盲管段"）的存水量来决定，维护宜完全冲洗盲管段并替换其中所有存水。

8.5　对于自容式应急设备，宜定期更换冲洗液，确保其符合冲洗液的卫生要求。

各地自来水水质不同，水质好的地区检查维护的频度可以低一些，水质差的地区检查维护的频度应该高一些，以保证应急使用时无锈水、脏水。自容式设备应经常换水，避免滋生微生物和藻类。

7.3 通风系统

7.3.1 有需要的实验场所配备符合设计规范的通风系统

通风系统设计应符合 JGJ 91—2019《科研建筑设计标准》中第 8.3 条关于通风的要求；化学化工类实验室还可以进一步参考 HG/T 20711—2019《化工实验室化验室供暖通风与空气调节设计规范》。

(82）管道风机须防腐，使用可燃气体的场所宜采用防爆风机。

使用可燃气体的场所在排风过程中有局部瞬间浓度达到爆炸限值的风险，可构成爆炸性环境，应按爆炸性环境设计施工。

GB/T 25285.1—2021《爆炸性环境 爆炸预防和防护 第 1 部分：基本原则和方法》对使用可燃气体形成的爆炸性环境的危险进行了规定：

5.4 电气设备和元件的电火花和热表面能成为点火源。下列情况能产生电火花和热表面：电路断开和闭合时、连接松动、杂散电流、过载或冷却不足、短路。应明确指出，特低电压（ELV，如小于 50 V）是防止人身触电的保护，不是防止爆炸的措施。尽管如此，低于该值的电压仍能产生足够的能量，点燃爆炸性环境中的可燃物质。

6.4.5 如果由电气设备引起的危险已被识别，则设备、防护系统和元件应符合相关防爆安全标准的要求。爆炸性环境中的电气设备和元件应按照相关标准（如 GB/T 3836 等）进行设计、制造、安装和维护（适用时）。

具体设计和施工可参考 GB/T 3836.15—2017《爆炸性环境 第 15 部分：电气装置的设计、选型和安装》中的相关要求。必要时还可参考化工行业标准 HG/T 20711—2019《化工实验室化验室供暖通风与空气调节设计规范》的相关条目：

5.5.3 在下列任一情况下，通风机均应采用防爆型：

1. 直接布置在爆炸危险性区域内时；

2. 排除、输送的气体介质中含有甲、乙类物质，其浓度为爆炸下限的 10% 及以上时；

3. 排除、输送含有燃烧或爆炸危险的粉尘、纤维等物质，其含尘浓度为其爆炸下限的 25% 及以上时。

(83) 实验室通风系统运行正常,柜口面风速 0.35～0.75 m/s,定期进行维护、检修。

JGJ 91—2019《科研建筑设计规范》第 8.3 条对通风柜柜口面风速值,按散发有害物的种类(低毒、有毒或有危险、极毒或少量放射性三类),参照 GBZ 2.1—2019《工作场所有害因素职业接触限值 第 1 部分:化学有害因素》中有害物质浓度限值的要求,给出了平均值和最低值,即平均值为 0.35～0.75 m/s,最低值为 0.25～0.65 m/s。

HG/T 20711—2019《化工实验室化验室供暖通风与空气调节设计规范》第 5.4.5 条指出:"过高的通风柜面风速会浪费能源,并且造成的涡流,会使站在通风柜前面的操作人员的防护功能更差。"如果通风柜的位置和实验室、化验室的气流组织等均满足要求,且操作活动执行管理规定,0.4～0.6 m/s 的面风速可以使大多数通风柜有效运行。

关于通风经常会产生两个误区:

一是风速越大越好。风速过大,容易导致气流紊乱,反而降低有毒有害气体的排出效果。因此,应按照 JGJ 91—2019《科研建筑设计规范》将风速控制在合理范围内。

二是同一个空间安装多个通风柜,如果没有合理的气流组织设计、科学补充新风,通风柜间会互相"抢夺"室内空气,造成房间内气流紊乱,结果导致有毒有害气体在整个区间通风柜间"穿越",而其所"穿越"的可能正是实验人员所处区域,因而导致事倍功半甚至负面的后果。在排风量需求大、点位多的空间科学设计、合理补风非常重要,所以在通风设计时,必须科学组织气流,控制合理风速,具体参见 HG/T 20711—2019《化工实验室化验室供暖通风与空气调节设计规范》第 5.4 款"气流组织"的相关规定。

(84) 屋顶风机固定无松动、无异常噪声。

通风系统属于动力系统,在运行过程中会产生一定的振动和噪声,产生的振动和噪声反过来又会影响系统的稳定。所以,应定期检查系统的各个组成部分是否有松动、腐蚀、漏气、异物等,发现异常及时维修。

7.3.2　通风柜配置合理、使用正常、操作合规

(85) 实验室排出的有害物质浓度超过国家现行标准规定的允许排放标准时,

须采取净化措施,做到达标排放。

实验室废气排放须遵守《中华人民共和国大气污染防治法》,排放的废气满足 GB 16297—1996《大气污染物综合排放标准》的规定。技术方面可以参考北京市地方标准 DB11/T 1736—2020《实验室挥发性有机物污染防治技术规范》。

教学科研的特点决定了实验室废气排放总量小、种类多、时间不固定,一般情况下不会超过国家对于大气污染及排放指标的限值(可以从实验室的试剂购买量及实验操作规模进行合理推算),但这并不是实验室可以随意排放废气的理由。实验室应尽量对实验中产生的废气进行收集或吸收,这不仅是保护环境的要求,还是科研伦理的内在追求。

关于排风净化方式的区分,可参考北京市地方标准 DB11/T 1736—2020《实验室挥发性有机物污染防治技术规范》第 6.2 条内容:

有机溶剂年使用量不超过 0.1 t 的实验室单元,可选用内置活性炭过滤器的无管道通风柜;

有机溶剂年使用量大于 0.1 t 且小于 1 t 的实验室单元,宜选用有管道的通风柜;

有机溶剂年使用量不低于 1 t 的实验室单元,整体应安装废气收集装置,并保持微负压,避免无组织的废气逸散。

(86)任何可能产生有毒有害气体而导致个人曝露,或产生可燃、可爆炸气体或蒸气而导致积聚的实验,都须在通风柜内进行。

GBZ 2.1—2019《工作场所有害因素职业接触限值 第 1 部分:化学有害因素》第 6.1 条指出:"化学有害因素控制优先原则是消除替代、工程控制、管理控制和个体防护等。"其中工程控制原则是指采取工程控制方式,对生产工艺、技术和原辅材料达不到卫生学要求的,应根据生产工艺和化学有害因素的特性,采取相应的防尘、防毒、通风等工程控制措施,使劳动者接触或活动的工作场所中的化学有害因素的浓度符合卫生要求。

(87)进行实验时,通风柜可调玻璃视窗开至离台面 10~15 cm,保持通风效果,并保护操作人员胸部以上部位。实验人员在通风柜进行实验时,避免将头伸入调节门内。不可将一次性手套或较轻的塑料袋等留在通风柜内,以免堵塞排风口。通风柜内放置的物品应距离调节门内侧 15 cm 以上,以免掉落。不得将通风柜作为化学试剂存放场所。玻璃视窗材料应是钢化玻璃。

使用通风柜时应按照技术说明书的指导进行,才能达到通风设计的预期效果。

玻璃视窗对使用者能形成一定程度的保护,所以使用过程中在操作允许的范围内应将视窗尽量降低,这样视窗可对操作者形成一定的保护。玻璃视窗必须使用钢化玻璃,否则一旦碎裂就会对实验人员造成二次伤害。

一次性塑料手套、纸巾等轻质杂物遗弃在通风柜内,可能会被抽进风道,并极有可能堵在挡板、调节阀等部位,从而影响通风柜的通风效果,甚至造成排风故障。

7.4 门禁监控

7.4.1 重点场所须安装门禁和监控设施,并有专人管理

(88)关注重点场所,如剧毒品、病原微生物、放射源存放点、核材料等危险源的管理。

教育部《高等学校实验室安全规范》第二十条"物资与设施保障"中规定:"(四)重点场所安装门禁和监控设施,并有专人管理。"

剧毒品和放射源的管理遵守 GA 1002—2012《剧毒化学品、放射源存放场所治安防范要求》的规定。该标准中第 4.2 款依据剧毒化学品存量及放射源类别对治安潜在危险进行了等级划分,应按该标准第 5 部分"治安防范要求"做好对应的人力防范、实体防范和技术防范。门禁和监控属于技术防范,具体要求参见该标准附录 A"重点部位和区域的技术防范设施配置"。

附 录 A

(规范性附录)

重点部位和区域的技术防范设施配置

A.1 表 A.1 列出了重点部位和区域需要配置的技术防范设施。

表 A.1 重点部位和区域的技术防范设施配置表

序号	重点部位和区域	防范设施	配置要求		
			一级	二级	三级
1	库区周界	入侵报警装置	▲	△	△
		视频监控装置	▲	△	△
2	库区出入口	视频监控装置	▲	△	△

续表

序号	重点部位和区域	防范设施	配置要求 一级	二级	三级
3	库区内主要通道	视频监控装置	▲	△	△
4	装卸区域	视频监控装置	▲	△	△
5	库房出入口	入侵报警装置	▲	▲	▲
5	库房出入口	视频监控装置	▲	▲	▲
5	库房出入口	出入口控制装置	▲	▲	△
6	库房窗口、通风口	入侵报警装置	▲	▲	▲
6	库房窗口、通风口	视频监控装置	▲	▲	△
7	存放场所(部位)	入侵报警装置	▲	▲	▲
7	存放场所(部位)	视频监控装置	▲	▲	▲
8	保卫值班室	紧急报警装置	▲	▲	▲
8	保卫值班室	通信工具	▲	▲	▲
9	监控中心	紧急报警装置	▲	▲	▲
9	监控中心	监控中心设备	▲	▲	▲
9	监控中心	通信工具	▲	▲	▲
10	巡查部位和区域	电子巡查装置	▲	△	△

注：配置要求中"▲"表示应配置，"△"表示选配。

实验室存放场所(部位)一般属于三级风险等级。以三级风险为例，其中对门禁和监控的几点典型要求为：

5.1.4 敞开式存放场所(部位)等不宜单独设置保卫值班室的，单位总值班室等其他房间可兼用作保卫值班室，其监控中心宜设在保卫值班室内。

5.2.2 存放场所(部位)的防盗安全门应符合 GB 17565 的要求，其防盗安全级别为乙级(含)以上；防盗锁应符合 GA/T 73 的要求；防盗保险柜应符合 GB 10409 的要求。

5.3.3 b)存放场所(部位)应设置入侵报警装置和视频监控装置，监视及回放图像应能清晰显示人员的活动状况。

对于使用或存放病原微生物的场所，WS 233—2017《病原微生物实验室生物安全通用准则》第 6.1.11 条规定："实验室应根据房间或实验间在用、停用、消毒、维护等不同状态时的需要，采取适当的警示和进入限制措施，如警示牌、警示灯、警示线、门禁等。"门禁和监控的设置应符合实际风险级别。

BSL-3 及以上等级的生物安全实验室应有门禁管理系统，应保证只有获得授权的人员才能进入实验室，并能够记录人员出入情况。实验室应设电视监控，在关键部位设置摄像机,可实时监视并录制实验室的活动情况和实验室周围的情况。监视设备应有足够的分辨率和影像存储容量。

ABSL-3 实验室核心工作间(动物饲养间和实验操作间),应有严格限制进入的门禁措施。ABSL-4 实验室应有严格限制进入动物饲养间的门禁措施。

7.4.2 门禁和监控系统运转正常,与实验室准入制度相匹配

(89)监控不留死角,图像清晰,人员出入记录可查,视频记录存储时间不少于 30 天。

治安防范及安全防范一般都规定了对监控的要求,对视频记录要求最低不少于 30 天,特殊场所规定不少于 90 天。此处要求实验室监控记录存储不少于 30 天。随着科技的进步和实验室安全资金的投入,实验室监控技术水平、图像质量和存储能力会越来越高。

(90)停电时,电子门禁系统应是开启状态或者有备用机械钥匙。

GB 55037—2022《建筑防火通用规范》第 7.1.7 款要求:"疏散出口门应能在关闭后从任何一侧手动开启。开向疏散楼梯(间)或疏散走道的门在完全开启时,不应减少楼梯平台或疏散走道的有效净宽度。除住宅的户门可不受限制外,建筑中控制人员出入的闸口和设置门禁系统的疏散出口门应具有在火灾时自动释放的功能,且人员不需使用任何工具即能容易地从内部打开,在门内一侧的显著位置应设置明显的标识。"

特殊场所的门禁应遵守相关规定,如剧毒、放射源存放场所应符合 GA 1002—2012《剧毒化学品、放射源存放场所治安防范要求》的规定。

7.5 实验室防爆

7.5.1 有防爆需求的实验室须符合防爆设计要求

(91)安装有防爆开关、防爆灯等,安装必要的气体报警系统、监控系统、应急系统等。

有爆炸风险的实验室的设计、材料选型、施工等各方面应参照 GB/T 3836.1—2021《爆炸性环境 第 1 部分:设备 通用要求》、GB/T 3836.15—2017《爆炸性

环境 第15部分：电气装置的设计、选型和安装》、GB/T 3836.28—2021《爆炸性环境 第28部分：爆炸性环境用非电气设备 基本方法和要求》的相关条目执行。

对于爆炸风险的预防和防护，可参照 GB/T 25285.1—2021《爆炸性环境 爆炸预防和防护 第1部分：基本原则和方法》的相关条目。实验室应根据实际情况，确定防护级别，合理配置防护设施。

防爆技术的要求较高，必要时应请具备专业技术能力的单位进行设计施工。

（92）可燃气体管道，应科学选用和安装阻火器。

JGJ 91—2019《科研建筑设计标准》第10.4.3条规定："可燃气体管道连接用气设备的支管应设置阻火器。"

TSG D0001—2009《压力管道安全技术监察规程》第一百一十三条规定：

凡有以下情况之一者，一般应当在管道系统的指定位置设置管道阻火器：

（一）输送有可能产生爆燃或者爆轰的混合气体管道；

（二）输送能自行分解导致爆炸，并且引起火焰蔓延的气体管道；

（三）与明火设备连接的可燃气体减压后的管道(特殊情况可设置水封装置)；

（四）进入火炬头前的排放气管道。

阻火器的选择应根据介质类型、实际工况选择具体的安装部位，具体应咨询专业厂家。

（93）采取有效措施，避免或减少出现危险爆炸性环境，避免出现任何潜在的有效点燃源。

对于爆炸的预防和防护，可参考 GB/T 25285.1—2021《爆炸性环境 爆炸预防和防护 第1部分：基本原则和方法》中第6部分的技术指导。基本原则为：

a) 预防：

1) 避免或减少出现危险爆炸性环境。主要通过改变可燃性物质的浓度使其处于爆炸范围之外，或者使氧气浓度低于极限氧浓度值(LOC)来实现。

2) 避免出现任何潜在的有效点燃源。

b) 防护：

1) 通过防护措施停止爆炸和/或把爆炸效应限制到容许的程度，例如隔离、泄压、抑制、耐爆。与上述两种措施不同，这种措施允许发生爆炸。

可以仅采用一种上述预防或防护方法,消除风险或使风险最小化。也可以综合使用这些方法。

避免出现危险爆炸性环境始终是第一选择。

如果危险源是易燃易爆气体,则应保证常时排风,以避免意外泄漏造成危险气体聚积(见条目9.6)。

7.5.2 应妥善防护具有爆炸危险性的仪器设备

(94) 使用适合的安全罩防护。

有"爆炸"危险的仪器设备有两种可能:

一种是仪器设备物理性"爆炸"危险。这种情况可参考GB/T 15706—2012《机械安全 设计通则 风险评估与风险减小》中关于气动与液压危险的规定降低风险,具体如下:

6.2.10 机械的气动和液压设备的设计应使得:

——不能超出回路的最大额定压力(如通过限压装置);

——不能因压力波动或升高、压力损失或真空导致危险;

——不能因为泄漏或部件失效而导致危险的流体喷射或软管突发危险运动(如甩动);

——储气罐、蓄气瓶或类似容器(如充气蓄能器)符合相关的设计标准、规则或法规;

——设备的所有元件,尤其是管路和软管,有防止受到外部有不利影响的保护措施;

——当机器与动力源断开后,储气罐等类似容器(如充气蓄能器)尽可能自动泄压,如果无法实现,则提供隔离、局部泄压及压力显示措施;

——所有在机器与动力源断开后仍保持压力的元件,配备有清晰标识的排空装置,以及对机器进行任何设定或维护前必须设置对这些元件进行泄压的警告牌。

6.3.3.2.1 防护装置的功能如下:

——防止进入被防护装置封闭的空间,和/或

——容纳或捕获由机器抛出或掉下的材料、工件、切屑、液体,减少由机器产生的排放(噪声、辐射、有害物质,如粉尘、烟雾、气体等)。

另一种仪器设备"爆炸"是化学因素导致的。化学因素导致的爆炸危险从控制易燃易爆化学品、压力容器两方面进行风险分析，并采取相应的控制措施，与此相关的内容见本书条目 9.3 和 13.2。

具有爆炸危险性的仪器在严格按照操作规程操作的前提下，根据需要还可以适当采用物理防护措施。一方面使用防护罩屏蔽仪器风险，另一方面可以做适当的个体防护，如护目镜、防护面罩等。

8 基础安全

8.1 用电、用水基础安全

8.1.1 实验室用电安全应符合国家标准(导则)和行业标准

实验室用电设计可参考以下国家标准和行业标准：GB/T 13869—2017《用电安全导则》、GB 50052—2009《供配电系统设计规范》、GB 50054—2011《低压配电设计规范》、JGJ 46—2005《施工现场临时用电安全技术规范》。

（95）实验室配电容量、插头插座与用电设备功率须匹配，不得私自改装。

实验室总配电量应能够满足该实验室的用电总量需求，并留有备用容量，每一级配电开关、插座、电缆(线)的参数应与下一级的用电总和相匹配。

改、扩建实验室应由专业人员及楼宇管理部门共同参与设计，实验室用电应与楼宇供电能力匹配，内部用电设计应合理合规，不得私自改装。

任何一级不匹配都可能造成跳闸、线路过热、故障时无法断电等故障，可能引发突然断电带来的各种风险，如仪器损坏、火灾等事故。

（96）电源插座须有效固定。

固定插座经过长期拔插使用可能造成松动，甚至脱离，此种情况可能造成带电导线裸露、虚接、接触不良，甚至火灾等事故，如图 8-1 所示。

图 8-1　电源插座松动示例

（97）电气设备应配备空气开关和漏电保护器。

JGJ 91—2019《科研建筑设计标准》第 9.2.12 条规定："各实验室电源侧应设置独立的保护开关。"

空气开关和漏电保护器通常装设于配电箱内（图 8-2），当发生过载、短路时，空气开关可以有效切断故障或异常电流；当发生漏电时，漏电保护器作用于空气开关，也能够切断设备电源，保障人身、设备安全。不使用插座，直接接入配电箱的设备应单独装设空气开关和漏电保护器。

图 8-2　空气开关和漏电保护器示例

部分大型仪器自身带有防护功能，在其安装条件说明书中写明供电端不允许再加装空气开关及漏电保护，此类情况应遵从仪器的安装要求。

（98）不私自乱拉、乱接电线、电缆，禁止多个接线板串接供电，接线板不宜直接置于地面。

实验室所在楼宇的电力一般经过了专业设计，私拉乱接、插线板串接可能导致局部过载、总量过载、基础不牢等，甚至造成设备设施损坏、电气火灾及触电事故等。

插线板不要置于地面，否则所在实验室及附近区域一旦发生跑水事故，极有可能导致漏电、短路、人员触电等事故。虽然在没有跑水风险的区域将插线板置于地面不会有漏电等危险，但接线板置于地面本身就是不良习惯，应尽量避免。

（99）禁止使用老化的线缆、花线、木质配电板、有破损的接线板，电线接头绝缘可靠，无裸露连接线，穿越通道的线缆应有盖板或护套，不使用老国标接线板、插座。

关于插座、插头、接线板的国家标准分别是：GB/T 1002—2021《家用和类似用途单相插头插座形式、基本参数和尺寸》、GB/T 2099.1—2021《家用和类似用途插头插座 第1部分：通用要求》、GB/T 2099.7—2015《家用和类似用途插头插座 第2~7部分：延长线插座的特殊要求》。

国家标准充分考虑了用电安全，且已经实施十余年时间，非标插座已经不再售卖，实验室使用时间过长的插座，原则上应该废弃淘汰。

花线是早期的电线产品，因其负荷小且绝缘层容易破损而可能漏电，目前市场上已经很少见。木质配电板的危险性显而易见。个别实验室如果仍有此类物品建议及早做报废处理。

因接线板导致的火灾屡见不鲜，接线板及接电的充电器、电吹风、热熔枪等小用电器都不能覆盖物品，且应避免和杂物混放堆积，尤其不能与可燃性杂物堆放，用毕应及时拔除用电器插头，临时接线板用毕应及时收起。接线板示例如图 8-3 所示。

 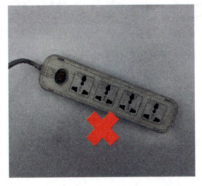 

图 8-3 接线板示例

(100) 大功率仪器（包括空调等）使用专用插座。

通常认为大于 1200 W 的用电器为大功率设备。大功率设备接线不应使用接线板，根据用电器的要求，可以采用墙面固定插座、专用插座、与稳压设备连接、与配电箱开关连接等方式。大功率设备插到接线板上更容易发生打火花、局部过热等现象，可能引发火灾及损坏仪器。

(101) 电器长期不用时，应切断电源。

电器带电时如遇本身故障，可能有不可预知的状况发生，甚至会导致电气火灾，并且电器处于待机状态时，会消耗电量。因此，用电装置不使用时应切断电源。

注意：电子天平功率小，通电后需要按小时计算稳定时间，通常情况下不断电。

小型加热型电器用毕须及时拔掉插头,具体要求见第 302 目。

(102)配电箱前不应有物品遮挡并便于操作,周围不应放置烘箱、电炉、易燃易爆气瓶、易燃易爆化学试剂、废液桶等;配电箱的金属箱体应与箱内保护零线或保护地线可靠连接。

GB/T 13869—2017《用电安全导则》第 5.1.1 条规定:"一般条件下,用电产品的周围应留有足够的安全通道和工作空间,且不应堆放易燃、易爆和腐蚀性物品。"

GB 50054—2011《低压配电设计规范》第 4.2.5 条规定:"挂墙式配电箱的箱前操作通道宽度不宜小于 1 m。"

AQ/T 7009—2013《机械制造企业安全生产标准化规范》第 4.2.38.2.4 条规定:"动力(照明)配电箱(柜、板)前方(或下方)1.2 m 的范围内应无障碍物;当工艺布置有困难时,照明箱可减至 0.8 m。"

当发生触电或电气火灾事故时,第一时间切断电源至关重要,所以配电箱遮挡或周围放置杂物影响操作人员快速靠近,都会延误处理时间。

配电箱是整个实验室的用电核心,若紧邻易燃易爆溶剂、气瓶、废液桶等放置,则产生的电气火花可能引爆危险化学品,而危险化学品挥发又会腐蚀电气设施,两者的互相影响形成了恶性循环,会增大实验室安全风险。

配电箱的金属箱体属于防止直接电击的屏护措施,依据 GB/T 16895.21—2020《低压电气装置 第 4~41 部分:安全防护 电击防护》第 411.4.2 条,对于金属屏护,为了避免其意外带电引起触电事故,要求箱体与箱内保护接零线或保护接地线可靠连接。通常,高校实验室配电系统为 TN-S 系统,将箱体接至保护零线排即可。

8.1.2 给水、排水系统布置合理,运行正常

(103)水槽、地漏及下水道畅通,水龙头、上下水管无破损。

JGJ 91—2019《科研建筑设计标准》第 7 部分中对实验室给水、排水及废水处理给出了具体要求,实验室的给水、排水应依据标准设计施工。

(104)各类连接管无老化破损(特别是冷却冷凝系统的橡胶管接口处)。

由于实验室危险源复杂,一旦发生跑水,可能引发次生事故。所以,发现跑、冒、滴、漏应及时处理,避免因水压增大导致严重事故。

回流冷凝是漏水事故常发的风险点。实验室应选用合格的硅胶管或橡胶管，尽量避免使用乳胶管，因为乳胶管易老化且强度差。使用冷水机的实验室应经常检查管道连接处的卡箍，以免因松动导致跑水事故。（冷凝水系统故障会导致反应体系的危险蒸气泄漏，如遇通风故障则可能酿成严重事故！）

（105）各楼层及实验室的各级水管总阀须有明显的标识。

一旦发生跑水事故，及时关闭前级阀门对避免损失扩大至关重要。跑水事故发生时找寻总阀或总阀被障碍物阻挡导致无法操作等时有发生，严重影响了应急救援的速度。因此，水管总阀不能阻挡，并应张贴标识。

有些实验室无视阀门位置，将大型设备、实验台、试剂柜等物品压在总阀上，一旦发生跑水事故，严重影响了应急处置的时效，应注意避免。

8.2 个体防护

GB 39800.1—2020《个体防护装备配备规范 第1部分：总则》中要求个体防护用品的配备流程如图8-4所示。

8.2.1 实验人员须配备合适的个体防护用品

（106）进入实验室人员须穿着质地合适的实验服或防护服。

《中华人民共和国安全生产法》对劳动防护有着严格的要求：

第四十五条 生产经营单位必须为从业人员提供符合国家标准或者行业标准的劳动防护用品，并监督、教育从业人员按照使用规则佩戴、使用。

第四十七条 生产经营单位应当安排用于配备劳动防护用品、进行安全生产培训的经费。

第五十七条 从业人员在作业过程中，应当严格落实岗位安全责任，遵守本单位的安全生产规章制度和操作规程，服从管理，正确佩戴和使用劳动防护用品。

第九十九条 生产经营单位有"未为从业人员提供符合国家标准或者行业标准的劳动防护用品的"行为，将视情节严重情况依法予以处罚或追究刑事责任。

由此可见，实验人员应根据实验性质穿着合适质地的实验服。

（107）按需要佩戴防护眼镜、防护手套、安全帽、防护帽、呼吸器或面罩（呼吸

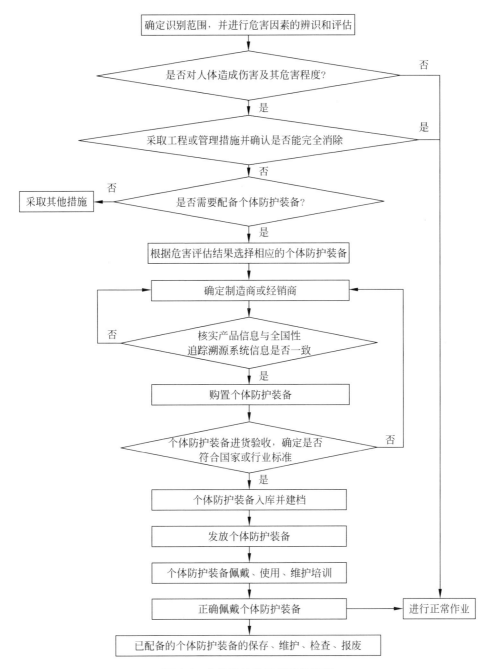

图 8-4 个体防护用品的配备流程

器或面罩在有效期内,不用时须密封放置)等。

实验人员个体防护用品的配备应符合 GB 39800.1—2020《个体防护装备配备规范 第 1 部分:总则》的要求。购买和使用个体防护用品时应特别关注商品的技术指标，正确选购、正确使用。个体防护用品的选择或使用不当会降低防护效果，甚至等于没有防护。

其中，化学化工类个体防护应符合 GB 39800.2—2020《个体防护装备配备规范 第 2 部分：石油化工天然气》的要求；生物安全实验室的个体防护应符合 GB 19489—2008《实验室生物安全通用要求》和 WS 233—2017《病原微生物实验室生物安全通用准则》的要求。

以化学化工和生物实验室的手部防护为例，GB 28881—2012《手部防护 化学品及微生物防护手套》第 4.3.2 条指出："防护手套的抗渗透性能不得低于 2 级，也就是透过时间不得低于 30 分钟。"其他性能指标还有耐磨性能、抗切割性能、抗撕裂性能、抗穿刺性能等。因此，关注个体防护用品的性能指标、使用注意事项、维护保养要求、使用范围等，只有合理使用才能达到预期的防护效果。

（108）进行化学、生物安全和高温实验时，谨慎佩戴隐形眼镜。

化学、生物、高温等实验场合佩戴隐形眼镜时，如有试剂飞溅入眼或者在高温场合，可能导致隐形眼镜发生变化，从而使眼角膜受损。

因此，若在化学、生物、高温等实验场合佩戴隐形眼镜，应同时佩戴合适的防护眼镜。

（109）操作机床等旋转设备时，不得佩戴长围巾、丝巾、领带等，长发须盘在工作帽内。

操作机床要严格遵守操作规程，不能有丝毫侥幸心理。2011 年 4 月 13 日，耶鲁大学一名学生因长发被卷入车床而导致窒息死亡，就是一起违反操作规程的典型事故案例。

（110）穿着化学、生物类实验服或戴实验手套时，不得随意进入非实验区。

实验服和实验手套可能沾染了有毒有害物质，离开实验室前应该脱下并认真洗手，不得穿戴实验服和手套随意进入生活区。严禁戴实验手套触碰公共电梯按钮、洁净门把手。

有的实验室安装了两个联动的门把手：一个是洁净的门把手，另一个是污染的门把手。污染的门把手上包裹有保鲜膜并定期更换，戴实验手套时可以使用污染的门把手，其他实验室可以借鉴这一做法。还有单位通过监控排查戴实验手套按电梯按钮的行为，并在一定范围内进行通报批评，其他单位也可以借鉴这一做法。

8.2.2 个体防护用品合理存放，存放地点有明显标识

**（111）在紧急情况须使用的个体防护器具应分散存放在安全场所，以便于

取用。

防护用品应单独保存、避免污染，部分产品应严格按照产品说明书的要求保管，如过滤式防毒面具不用时必须存放到便于取用的洁净环境中。

8.2.3 各类个体防护用品的使用有培训及定期检查维护记录

(112) 检查培训及维护记录。

GB 39800.1—2020《个体防护装备配备规范 第1部分：总则》中对培训的相关规定：

5.4.1 用人单位应制订培训计划和考核办法，并建立和保留培训和考核记录。

5.4.2 用人单位应按计划定期对作业人员进行培训，培训内容至少应包括工作中存在的危害种类和法律、法规、标准等规定的防护要求，本单位采取的控制措施，以及个体防护装备的选择、防护效果、使用方法及维护、保养方法、检查方法等。

5.4.3 当有新员工入职、员工转岗、个体防护装备配备发生变化、法律法规及标准变化等情况，需要培训时，用人单位应及时进行培训。

5.4.4 未按规定佩戴和使用个体防护装备的作业人员，不得上岗作业。

5.4.5 作业人员应熟练掌握个体防护装备的正确佩戴和使用方法，用人单位应监督作业人员个体防护装备的使用情况。

5.4.6 在使用个体防护装备前，作业人员应对个体防护装备进行检查（如外观检查、适合性检查等），以确保个体防护装备能够正常使用。

5.4.7 用人单位应按照产品使用说明书和使用前的检查，对必须有专人负责的，应指定受过培训的合格人员负责日常检查和维护。

8.3 其他

8.3.1 危险性实验(如高温、高压、高速运转等)时必须有两人在场

(113) 实验时不能脱岗，通宵实验须两人在场并有事先审批制度。

危险性实验一旦失控后果不堪设想。实验人员值守时应及时发现变化趋势，

尽量避免不可控现象发生。进行危险性实验时,保证双人在场非常重要,因为一旦发生意外情况,两个人能够相互配合进行应急处理。经风险评估判定危险的实验不建议在夜间开展。

通宵实验应经实验室负责人、院系管理部门审批,且应向夜间执勤部门(如物业)报备。

8.3.2 实验台面整洁、实验记录规范

(114)查看实验台面和实验记录。

实验室台面混乱是最常见的不安全因素,保持台面整洁、物品放置有序,实验记录规范,是从事科学研究的基本修养。

9 化学安全

9.1 危险化学品储存区

9.1.1 学校建有危险化学品储存区并规范管理

教育部《高等学校实验室安全规范》第二十七条规定:"学校应建有危险品存储区、化学实验废物贮存站,对化学实验废物集中定点存放。"

(115) 危险化学品储存区须有通风、隔热、避光、防盗、防爆、防静电、泄漏报警、应急喷淋、安全警示标识等措施,符合相关规定,专人管理。

《危险化学品安全管理条例》中对危险化学品仓库的规定:

第二十条　生产、储存危险化学品的单位,应当在其作业场所和安全设施、设备上设置明显的安全警示标志。

第二十四条　危险化学品应当储存在专用仓库、专用场地或者专用储存室内,并由专人负责管理。

第二十六条　危险化学品专用仓库应当符合国家标准、行业标准的要求,并设置明显的标志。储存剧毒化学品、易制爆危险化学品的专用仓库,应当按照国家有关规定设置相应的技术防范设施。

危险化学品仓库适用的国家标准有:GB 55037—2022《建筑防火通用规范》、GB 50052—2009《供配电系统设计规范》、GB 50057—2010《建筑物防雷设计规范》、GB 50058—2014《爆炸危险环境电力装置设计规范》、GB 51309—2018《消防应急照明和疏散指示系统技术标准》和 GB 12158—2006《防止静电事故通用导则》等。综合相关的要点主要有:

1. 化学试剂库应设置安全照明、消防应急照明和疏散指示等系统。
2. 试剂专用库房爆炸危险环境区域内的电气设备选型应符合防爆等级及电气设备保护级别的规定。

3. 化学试剂库的电气设备和配电柜内应设置安全保护装置。

4. 化学试剂库的低压配电接地应采用 TN-S 系统。

5. 化学试剂库的室外架空电力线路应与爆炸性气体环境保持安全间距。

6. 化学试剂库应按二类防雷建筑物设防。

7. 化学试剂库门外的出入口应设置人体静电消除装置。

8. 化学试剂库室内应设置接地装置。

9. 储存具有火灾危险性的试剂专用库房和其他区域应按火灾特性设置火灾探测器。

10. 化学试剂库应设置自动火灾报警装置。

11. 储存具有挥发性的易燃易爆气体和有毒有害气体等物质的试剂专用库房应设置合适的气体浓度探测装置。

12. 化学试剂库应配置视频安防监控、入侵报警、出入口控制、电子巡查和实体防护等系统。

另外,北京市地方标准 DB 11/755—2010《危险化学品仓库建设及储存安全规范》、浙江省地方标准 DB33/T 1254—2021《高等学校化学试剂库建设标准》,可供建设危险化学品仓库时参考。

(116)危险化学品储存区的消防设施符合国家相关规定,正确配备灭火器材(如灭火器、灭火毯、砂箱、自动喷淋等)。

GB 15603—1995《常用化学危险品贮存通则》第 9.1 条规定:"根据危险品特性和仓库条件必须配置相应的消防设备设施和灭火药剂并配备经过培训的兼职和专职消防人员。"GB 15603—2022《危险化学品仓库储存通则》中第 5.4 条规定:"危险化学品储存应满足危险化学品的分类、包装、储存方式及消防要求。"

GB 55036—2022《消防设施通用规范》第 10.0.4 条规定:"灭火器应设置在位置明显和便于取用的地点,且不应影响人员安全疏散。当确需设置在有视线障碍的设置点时,应设置指示灭火器位置的醒目标志。"一个计算单元内配置的灭火器数量应经计算确定且不少于 2 具,每个设置点的灭火器数量不宜多于 5 具。

(117)危险化学品储存区不能建设在地下或半地下,不得建设在实验楼内。若只能在实验楼内存放,则应按照实验室的标准要求管理(见"9.3 实验室化学品存放")。

GB 15603—2022《危险化学品仓库储存通则》中第 5.8 条规定："储存具有火灾危险性危险化学品的仓库,耐火等级、层数、面积及防火间距应符合 GB 55037 的要求。"

GB 55037—2022《建筑防火通用规范》中对危险化学品仓库建设的相关规定：

4.2.1 对工业建筑：除特殊工艺要求外,下列场所不应设置在地下或半地下：1. 甲、乙类生产场所；2. 甲、乙类仓库；3. 有粉尘爆炸危险的生产场所、滤尘设备间；4. 邮袋库、丝麻棉毛类物质库。

4.3.1 民用建筑内不应设置经营、存放或使用甲、乙类火灾危险性物品的商店、作坊或储藏间等。

根据第 4.2.1 条,危险化学品储存区可以建在工业建筑中,但不能建在地下或半地下空间；根据第 4.3.1 条,危险化学品储存区不能建在民用建筑内。

（118）危险化学品储存区的试剂不混放,整箱试剂的叠加高度不大于 1.5 m。

GB 15603—2022《危险化学品仓库储存通则》中关于储存要求及储存配存见检查项目表第 130 目。

GB 15603—2022《危险化学品仓库储存通则》第 6.2.3 条关于堆码高度的要求："堆码应符合包装标志要求；包装无堆码标志的危险化学品堆码高度应不超过 3 m(不含托盘等的高度)。"

高校建设危险化学品仓库还可以参考浙江省工程建设标准 DB33/T 1254—2021《高等学校化学试剂库建设标准》,其中第 6.1.4 条关于试剂货架的要求为"试剂货架不宜高于 2 m,试剂搁置高度不宜高于 1.5 m"。

建设高校危险化学品储存区的目的并非仓储,只是周转及暂存,设定试剂搁置高度不高于 1.5 m,不仅有利于安全,还便于存取。

9.2 危险化学品购置

9.2.1 危险化学品采购须符合要求

（119）危险化学品须向具有生产经营许可资质的单位购买,查看相关供应商的经营许可资质证书复印件。进口危险化学品应当向国务院安全生产监督管理部门负责危险化学品登记的机构办理危险化学品登记。

《危险化学品管理条例》第三十三条规定:"国家对危险化学品经营实行许可制度。未经许可,任何单位和个人不得经营危险化学品。"

《危险化学品管理条例》第三十七条规定:"危险化学品经营企业不得向未经许可从事危险化学品生产、经营活动的企业采购危险化学品,不得经营没有化学品安全技术说明书或者化学品安全标签的危险化学品。"

企业按照《危险化学品经营许可证管理办法》取得危险化学品经营许可证。

教育部《高等学校实验室安全规范》规定:

第二十三条　危险化学品须向具有生产经营许可资质的单位购买。

第二十六条　进口危险化学品应当向国务院安全生产监督管理部门负责危险化学品登记的机构办理危险化学品登记。

进口危险化学品必须经过相应的审批和登记手续,否则也不能通关。

9.2.2　剧毒品、易制爆品、易制毒品、爆炸品的购买程序合规

(120) 购买前须经学校审批,报公安部门批准或备案后,向具有经营许可资质的单位购买,并保留报批及审批记录。

教育部《高等学校实验室安全规范》第二十三条规定:"危险化学品须向具有生产经营许可资质的单位购买;剧毒化学品、易制毒化学品、易制爆化学品、麻醉药品和第一类精神药品、爆炸品等购买前须经学校审批,报公安部门批准或备案后,向具有经营许可资质的单位购买,并保留报批及审批记录;麻醉药品、精神药品等购买前还须向药品监督管理部门申请,报批同意后向定点供应商采购。"

《剧毒化学品购买和公路运输许可证件管理办法》第三条规定:"国家对购买和通过公路运输剧毒化学品的行为实行许可管理制度。购买和通过公路运输剧毒化学品时,应当依照本办法申请取得《剧毒化学品购买凭证》《剧毒化学品准购证》和《剧毒化学品公路运输通行证》。未取得上述许可证件,任何单位和个人不得购买、通过公路运输剧毒化学品。"

《易制爆危险化学品治安管理条例》第十条规定:"依法取得危险化学品安全生产许可证、危险化学品安全使用许可证、危险化学品经营许可证的企业,凭相应的许可证件购买易制爆危险化学品。民用爆炸物品生产企业凭民用爆炸物品生产许可证购买易制爆危险化学品。"第十一条规定:"本办法第十条以外的其他单位

购买易制爆危险化学品的,应当向销售单位出具以下材料:(一)本单位工商营业执照、事业单位法人证书等合法证明的复印件,经办人身份证明复印件;(二)易制爆危险化学品合法用途说明,说明应当包含具体用途、品种、数量等内容。严禁个人购买易制爆危险化学品。"

《易制毒化学品管理条例》第二条规定:"国家对易制毒化学品的生产、经营、购买、运输、进口、出口实行分类管理和许可制度。"在第三章"购买管理"中详细规定了申报购买的行政审批条件。

下面以易制毒化学品为例,给出其购买流程:

1. 申购人购买易制毒化学品前须填写《购买危险化学品承诺书》和易制毒化学品购买申请表。《购买危险化学品承诺书》一式两份,由所在单位负责人审批后加盖院级单位公章,分别由危险化学品中转库房和校内相关管理部门备案;易制毒化学品购买申请表由所在单位危险化学品管理员审核,单位负责人审批同意并加盖单位公章后方可签订购买合同。

2. 申购人凭易制毒化学品购买申请表和化学品采购合同向危险化学品中转库房的系统管理员提交购买申请。系统管理员负责审核供货商的资质,并在网上提交购买申请,上传与化学品销售公司签订的合同和易制毒化学品购买申请表,提交公安部门审批。

3. 获得公安部门批准后,系统管理员通知供货商供货。供货商按合同将相应的化学品送到指定的危险化学品中转库房,申购人负责按照合同对易制毒化学品进行验收。

4. 验收合格后,库房管理员办理相关入库手续,系统管理员在信息系统上对购买的易制毒化学品进行入库登记并提交审核,入库工作应在获得公安部门批准的一个月内完成。

《民用爆炸物品安全管理条例》第二十一条规定:"民用爆炸物品使用单位申请购买民用爆炸物品的,应当向所在地县级人民政府公安机关提出购买申请。"

(121)建立购买、验收、使用等台账资料。

购买审批、入库、使用台账清晰,是管制类化学品安全管理的基本要求。学校应有各类管制品对应的审批购置流程,未经审批,任何人不得私自购买、从外单位获取、为外单位提供管制品。

（122）不得私自从外单位获取管制类化学品，也不得给外单位或个人提供管制化学品。

对于剧毒和易制爆化学品，《危险化学品安全管理条例》第四十二条规定："使用剧毒化学品、易制爆危险化学品的单位不得出借、转让其购买的剧毒化学品、易制爆危险化学品。"

对于易制毒危险化学品，《易制毒化学品管理条例》第五条规定："禁止走私或者非法生产、经营、购买、转让、运输易制毒化学品。"

对于爆炸品，《民用爆炸物品安全管理条例》第三条规定："国家对民用爆炸物品的生产、销售、购买、运输和爆破作业实行许可证制度。未经许可，任何单位或者个人不得生产、销售、购买、运输民用爆炸物品，不得从事爆破作业。严禁转让、出借、转借、抵押、赠送、私藏或者非法持有民用爆炸物品。"

9.2.3 麻醉药品、精神药品等购买前须向食品药品监督管理部门申请

（123）报批同意后向定点供应商或者定点生产企业采购。

《麻醉药品和精神药品管理条例》中关于购买麻醉药品和精神药品的规定：

第二十二条　国家对麻醉药品和精神药品实行定点经营制度。

第三十五条　科学研究、教学单位需要使用麻醉药品和精神药品开展实验、教学活动的，应当经所在地省、自治区、直辖市人民政府药品监督管理部门批准，向定点批发企业或者定点生产企业购买。需要使用麻醉药品和精神药品的标准品、对照品的，应当经所在地省、自治区、直辖市人民政府药品监督管理部门批准，向国务院药品监督管理部门批准的单位购买。

9.2.4 校内危险化学品的运输安全

（124）现场抽查，校园内的运输车辆、运送人员、送货方式等符合相关规范。

严禁用普通车辆运输危险化学品。

危险化学品运输车辆须符合《危险货物道路运输安全管理办法》的相关要求，悬挂符合 GB 13392—2005《道路运输危险货物车辆标志》中要求的警示标志，运输

爆炸品和剧毒化学品的车辆还应当安装、粘贴符合 GB 20300—2018《道路运输爆炸品和剧毒化学品车辆安全技术条件》中要求的安全标志牌。押送人员持证上岗，遵守《道路危险货物运输管理规定》中有关运输行为的要求。气瓶的搬运、装卸还应符合 GB/T 34525—2017《气瓶搬运、装卸、储存和使用安全规定》的要求。

校园内配送危险化学品的非机动车要注意小心慢行，遵循少量多次的原则，防止配送过程中发生丢失事件，以保障安全。

9.3 实验室化学品存放

教育部《高等学校实验室安全规范》第二十四条规定："对危险化学品建立动态管理台账，实验室设置专用存放空间并科学有序存放，存放的危险化学品总量符合规定要求，并按照化学试剂性质分类规范存放，化学品（含配制试剂）标签应完整清晰。"

9.3.1 实验室内危险化学品建有动态台账

（125）建立实验室危险化学品动态台账，并有危险化学品安全技术说明书（SDS）或安全周知卡，方便查阅。

《危险化学品安全管理条例》第十五条规定："危险化学品生产企业应当提供与其生产的危险化学品相符的化学品安全技术说明书，并在危险化学品包装（包括外包装件）上粘贴或者拴挂与包装内危险化学品相符的化学品安全标签。化学品安全技术说明书和化学品安全标签所载明的内容应当符合国家标准的要求。"如果化学品安全技术说明书或化学品安全标签缺失，危险化学品生产或经营企业要负法律责任。

化学品安全技术说明书是目前化学品最全面的安全数据档案，为正确了解化学品的危险特性、合理选用防护措施，以及正确使用化学品提供了重要指导。按照 GB/T 16483—2008《化学品安全技术说明书 内容和项目顺序》的规定，化学品安全技术说明书的内容包含 16 项，分别是：化学品及企业标识、危险性概述、成分/组成信息、急救措施、消防措施、泄漏应急处理、操作处置与储存、接触控制和个体防护、理化特性、稳定性和反应性、毒理学信息、生态学信息、废弃处理、运输信息、法规信息、其他信息。

实验室应建立危险化学品动态台账，并妥善保管化学安全技术说明书或安全周知卡，以备需要时查阅。

（126）定期清理废旧试剂，无累积现象。

危险化学品是实验室最常见的危险源，实验室应经常清理，尽量减少存量，尤其是废旧试剂应该及时清出实验室，如不再使用的、年代久远的、可能受到污染的或因各种原因已变质的废旧试剂等。

有些试剂放置时易形成爆炸性过氧化物，这类试剂更应及时处理。例如，异丙醚、金属钾启封3个月后未用完应进行报废处理，乙醚、四氢呋喃启封1年后未用完应进行报废处理。

9.3.2 化学品有专用存放空间并科学有序存放

（127）储藏室、储藏区、储存柜等应通风、隔热、避免阳光直射。

（128）易泄漏、易挥发的试剂存放设备与地点应保证充足的通风。

光、热、潮湿都是储存化学品的不利因素，化学品储存区域应阴凉、干燥并避免阳光直射。如果有挥发性试剂，还应保证通风，避免蒸气聚积。

（129）试剂柜中不能有电源插座或接线板。

电源插座或接线板可能产生电火花并成为点火源，一旦试剂柜内易燃易爆蒸气聚积，极有可能导致事故。

（130）化学品有序分类存放，固体、液体不混乱放置，互为禁忌的化学品不得混放，试剂不得叠放。有机溶剂储存区应远离热源和火源。装有试剂的试剂瓶不得开口放置。实验台架无挡板不得存放化学试剂。

根据 GB 15603—2022《危险化学品仓库储存通则》中化学品的储存要求如下：

5.1 危险化学品仓库应采用隔离储存、隔开储存、分离储存的方式对危险化学品进行储存。

5.2 应选择符合危险化学品的特性、防火要求及化学品安全技术说明书中储存要求的仓储设施进行储存。

5.3 应根据危险化学品仓库的设计和经营许可要求，严格控制危险化学品的储存品种、数量。

5.4 危险化学品储存应满足危险化学品的分类、包装、储存方式及消防要求。

5.5 危险化学品的储存、配存，应符合附录 A 及其化学品安全技术说明书的要求。

附 录 A
（规范性）

危险化学品储存配存

表 A.1 危险化学品储存配存表

化学品危险和危害种类		爆炸物	易燃气体、气溶胶	氧化性气体	加压气体(不燃)	易燃液体	易燃固体	自反应物质和混合物	自燃液体、自燃固体	自热物质和混合物	遇水放出易燃的气体的物质和混合物	氧化性液体、固体 无机	氧化性液体、固体 有机	有机过氧化物	皮肤腐蚀/严重眼损伤 酸性无机	皮肤腐蚀/严重眼损伤 酸性有机	刺激/眼刺激 类别Ⅰ 碱性无机	刺激/眼刺激 类别Ⅰ 碱性有机	金属腐蚀 类别Ⅰ	急性毒性 剧毒无机	急性毒性 剧毒有机	急性毒性 其他无机	急性毒性 其他有机
爆炸物		×																					
易燃气体、气溶胶		×	○																				
氧化性气体		×	×	○																			
加压气体(不燃、非助燃)		×	○	○	○																		
易燃液体		×	×	×	×	○																	
易燃固体		×	×	×	×	消	○																
自反应物质和混合物		×	×	×	×	×	×	○															
自燃液体、自燃固体		×	×	×	×	×	×	×	○														
自热物质和混合物		×	×	×	×	×	×	×	○	○													
遇水放出易燃气体的物质和混合物		×	×	×	×	×	×	×	×	×	○												
氧化性液体、固体	无机	×	×	×	分	×	×	×	×	×	×	○											
	有机	×	×	×	消	×	×	×	×	×	×	×	○										
有机过氧化物		×	×	×	×	×	×	×	×	×	×	×	×	○									

续表

化学品危险和危害种类		爆炸物	易燃气体、气溶胶	氧化性气体	加压气体（不燃）	易燃液体	易燃固体	自反应物质和混合物	自燃液体、自燃固体	自热物质和混合物	遇水放出易燃气体的物质和混合物	氧化性液体、固体 无机	氧化性液体、固体 有机	有机过氧化物	金属腐蚀物	皮肤腐蚀/刺激 严重眼损伤/眼刺激 类别Ⅰ 酸性无机	酸性有机	碱性无机	碱性有机	急性毒性 剧毒无机	剧毒有机	其他无机	其他有机
金属腐蚀物	酸性无机	×	×	×	×	×	×	×	×	×	×	×	×	×		○							
皮肤腐蚀/刺激 严重眼损伤/眼刺激 类别Ⅰ	酸性有机	×	×	×	×	消	×	×	×	分	×	×	○	×	○								
	碱性无机	×	×	×	分	消	×	×	分	×	×	×	○	×	×								
	碱性有机	×	×	×	×	消	消	×	×	×	×	×	○	○	×								
急性毒性	剧毒无机	×	×	×	×	×	×	×	×	×	×	×	×	×	×	×	×	×	×		○		
	剧毒有机	×	×	×	分	消	×	×	×	分	×	×	分	×	×	×	×	×	×	○			
	其他无机	×	×	×	×	消	分	×	分	分	×	×	×	×	×	×	×	×	×	×	×		○
	其他有机	×	×	×	×	分	消	×	×	×	×	×	×	×	×	×	×	×	×	×	×	○	

注："○"框中，具体化学品能否混存，参考其安全技术说明书。混存物品，堆垛与堆垛之间，应留有 1 m 以上的距离，并要求包装容器完整，不使两种物品发生接触。
"×"框中，除本文件 5.9 规定外，应隔开储存。
"分"框中，堆垛与堆垛之间应留有 2 m 以上的距离。
"消"框中禁忌物应隔开储存。
当危险化学品具有两种以上危险性时，应按照最严格的禁配要求进行具体化学品安全技术说明书。
表中未涉及具体的健康危害和环境危险类别，具体配存要求参见 GB 18265 执行。
爆炸物具体储存要求按照 GB 18265 执行。

注 1："○"表示可以混合。
注 2："×"表示互为禁忌物。
注 3："分"指按化学品的危险性分类进行隔离储存。
注 4："消"指两种物品性能并不相互抵触，但消防施救方法不同。

5.6 储存爆炸物的仓库,其外部安全防护距离及物品存放应满足 GB 18265 的要求。

5.7 储存有毒气体或易燃气体,且其构成危险化学品重大危险源的仓库,其外部安全防护距离应满足 GB 18265 的要求。

5.8 储存具有火灾危险性危险化学品的仓库,耐火等级、层数、面积及防火间距应符合 GB 55016 的要求。

5.9 剧毒化学品、易燃气体、氧化性气体、急性毒性气体、遇水放出易燃气体的物质和混合物、氯酸盐、高锰酸盐、亚硝酸盐、过氧化钠、过氧化氢、溴素应分离储存。

5.10 剧毒化学品、监控化学品、易制毒化学品、易制爆危险化学品,应按规定将储存地点、储存数量、流向及管理人员的情况报相关部门备案,剧毒化学品及构成重大危险源的危险化学品,应在专用仓库内单独存放,并实行双人收发、双人保管制度。

试剂叠放会增大包装封口处的泄漏风险,而且一旦发生滑落,包装破裂后可能导致化学品飞溅、遗撒。

相容试剂在同一分区内不同层段的存放原则是:液体、容量大的试剂放低处,固体、小包装、安全性高的试剂放高处。

(131) 配备必要的二次泄漏防护、吸附或防溢流功能。

大瓶、高毒、挥发性、腐蚀性试剂等的容器一旦破裂便会带来很大危险。为避免意外发生,可使用二次容器加以保护。

相邻区域如有不相容的物质必须使用二次容器,相当于把储存空间分隔成独立的空间。有时同一物质的不同浓度也是不相容的,如浓硫酸和稀硫酸迅速混合就会产生大量的热,此时应该用二次容器加以隔离。

二次容器可以是托盘、箱、桶,具体应根据实际情况选择。

9.3.3 实验室内存放的危险化学品总量符合规定要求

(132) 危险化学品(不含压缩气体和液化气体)原则上不应超过 100 L 或 100 kg,其中易燃易爆性化学品的存放总量不应超过 50 L 或 50 kg,且单一包装容器不应大于 20 L 或 20 kg(以 50 m² 为标准,存放量按实验室面积比考量)。

参考北京市地方标准 DB11/T 1191.2—2018《实验室危险化学品安全管理规范 第2部分：高等学校》第9.5条的规定："每间实验室内存放的除压缩气体和液化气体外的危险化学品总量不应超过 100 L(kg)，其中易燃易爆性化学品的存放总量不应超过 50 L(kg)且单一包装容器不应大于 25 L(kg)"做出以上规定。

实验室不应以任何理由超量囤积危险化学品。

（133）常年大量使用易燃易爆溶剂或气体须加装泄漏报警器，储存部位应加装常时排风或与检测报警联动的排风装置。

GB 55037—2022《建筑防火通用规范》第8.3.3条规定："除住宅建筑的燃气用气部位外，建筑内可能散发可燃气体、可燃蒸气的场所应设置可燃气体探测报警装置。"

危险化学品储存部位应采取工程控制措施，防止达到或超过可燃气体的爆炸限值，可以加装常时排风或与监测报警装置联动的排风装置。

实验室气体监测及报警的安装可参考 GBZ/T 223—2009《工作场所有毒气体检测报警装置设置规范》、GB/T 50493—2019《石油化工可燃气体和有毒气体检测报警设计标准》的相关条目，检测报警仪的使用和维护参照 T/CCSAS 015—2022《气体检测报警仪安全使用及维护规程》。

危险化学品储存的重点部位应使用专业检测报警装置，并按要求进行校准和维护保养，确保装置正常工作，不得以简易报警器代替。

9.3.4 化学品标签应显著、完整、清晰

（134）化学品包装物上须有符合规定的化学品标签。

标签规范要求见 GB 15258—2009《化学品安全标签编写规定》附录 A 中的样例：

附 录 A

（资料性附录）

化学品安全标签样例

A.1 安全标签样例

化学品名称　　A组分：40%；B组分：60%
危　险
极易燃液体和蒸气，食入致死，对水生生物毒性非常大
【预防措施】 • 远离热源、火花、明火、热表面。使用不产生火花的工具作业。 • 保持容器密闭。 • 采取防静电措施，容器和接收设备接地连接。 • 使用防爆电器、通风、照明及其他设备。 • 戴防护手套、防护眼镜、防护面罩。 • 操作后彻底清洗身体接触部位。 • 作业场所不得进食、饮水或吸烟。 • 禁止排入环境。 【事故响应】 • 如皮肤（或头发）接触：立即脱掉所有被污染的衣物。用水冲洗皮肤、淋浴。 • 食入：催吐，立即就医。 • 收集泄漏物。 • 火灾时，使用干粉、泡沫、二氧化碳灭火。 【安全储存】 • 在阴凉、通风良好处储存。 • 上锁保管。 【废弃处置】 • 本品或其容器采用焚烧法处置。
请参阅化学品安全技术说明书
供应商：×××××××××××××××××　　电话：×××××× 地　址：××××××××××××××××　　邮编：×××××× 化学事故应急咨询电话：××××××

A.2　简化标签样例

化学品名称
危险
极易燃液体和蒸气，食入致死，对水生生物毒性非常大
请参阅化学品安全技术说明书
供应商：×××××××××××××××××　　电话：×××××× 化学事故应急咨询电话：××××××

（135）当化学品由原包装物转移或分装到其他包装物内时，转移或分装后的包装物应及时重新粘贴标识。化学品标签脱落、模糊、腐蚀后应及时补上，如不能确认，则按不明废弃化学品处置。

《危险化学品安全管理条例》从法规层面确立了危险化学品粘贴或悬挂标签的强制性要求，相关规定如下：

第十五条　危险化学品生产企业应当提供与其生产的危险化学品相符的化学品安全技术说明书，并在危险化学品包装（包括外包装件）上粘贴或者拴挂与包装内危险化学品相符的化学品安全标签。化学品安全技术说明书和化学品安全标签所载明的内容应当符合国家标准的要求。

第三十七条　危险化学品经营企业不得向未经许可从事危险化学品生产、经营活动的企业采购危险化学品，不得经营没有化学品安全技术说明书或者化学品安全标签的危险化学品。

转移或分装化学品都要及时粘贴标签，补齐必要的信息。化学品在使用过程中标签难免会有腐蚀、脱落等现象发生，如有损坏应及时补上，否则日久会成为不明物品，给实验室安全带来较大风险。

9.3.5　其他化学品存放

（136）装有配制试剂、合成品、样品等的容器上标签信息明确，标签信息包括名称或编号、使用人、日期等。

自配试剂应该参照危险化学品的要求，及时粘贴标签，标明必要的信息，养成良好的实验习惯。2021年，国内某大学药学院一名博士生在处理毕业生遗留在烧瓶中的未知白色固体时发生玻璃烧瓶爆炸事故，炸裂产生的玻璃碎片刺穿其手臂动脉血管。这就是一起不及时粘贴标签的事故案例。

（137）无使用饮料瓶存放试剂、样品的现象，如确需使用，必须撕去原包装纸，贴上试剂标签。

目前实验室常用品牌纯净水作为实验用水，为避免错拿、误饮误食，实验用瓶装水应及时撕去原标签，粘贴实验用水标签。

（138）不使用破损量筒、试管、移液管等玻璃器皿。

破碎的玻璃容器是常见的导致物理伤害的因素，量筒、试管、移液管等玻璃器皿一旦破损，就不应继续使用，而是应做固废处理。

9.4 实验操作安全

9.4.1 制定危险实验、危险化工工艺指导书、各类标准操作规程(SOP)、应急预案

(139) 危险化工工艺指导书和应急预案上墙或便于取阅,实验人员熟悉所涉及的危险性及应急处理措施,按照危险化工工艺指导书进行实验。

《危险化学品安全管理条例》第二十八条中关于"建立安全操作规程"的规定:"使用危险化学品的单位,其使用条件(包括工艺)应当符合法律、行政法规的规定和国家标准、行业标准的要求,并根据所使用的危险化学品的种类、危险特性及使用量和使用方式,建立、健全使用危险化学品的安全管理规章制度和安全操作规程,保证危险化学品的安全使用。"

《危险化学品安全管理条例》第三十条中关于"制定应急预案"的规定:"有符合国家规定的危险化学品事故应急预案和必要的应急救援器材、设备。"可以看出,国家从法规层面对安全使用危险化学品做出了规定。

实验室应针对危险源编制应急预案,实验人员应根据应急预案进行演练,熟悉所涉及的危险性及应急处理措施,否则再好的应急预案也是一纸空文。

化学类实验室应急物资的配备可参考 GB 30077—2013《危险化学品单位应急救援物资配备要求》,根据实际情况选择配置应急物资。

9.4.2 危险化工工艺和装置应进行自动控制和电源冗余设计

(140) 涉及危险化工工艺、重点监管危险化学品的反应装置应设置自动化控制系统。

(141) 涉及放热反应的危险化工工艺生产装置应设置双重电源供电或控制系统应配置不间断电源。

危险化学工艺包括但不限于国家安全生产监督管理总局组织编制的《首批重点监管的危险化工工艺目录》和《第二批重点监管的危险化工工艺目录》。该目录是安全生产监督管理总局为了提高化工生产装置和危险化学品储存设施本质安全水平,指导对涉及危险化工工艺的生产装置进行自动化改造而制定的。实验室可

参考相应的重点监管危险化工工艺的重点监控参数、安全控制基本要求及推荐的控制方案,并采取必要的控制措施。

重点监管的化工工艺分别是:光气及光气化工艺;电解工艺(氯碱);氯化工艺;硝化工艺;合成氨工艺;裂解(裂化)工艺;氟化工艺;加氢工艺;重氮化工艺;氧化工艺;过氧化工艺;胺基化工艺;磺化工艺;聚合工艺;烷基化工艺;新型煤化工工艺,包括煤制油(甲醇制汽油、费-托法合成汽油)、煤制烯烃(甲醇制烯烃)、煤制二甲醚、煤制乙二醇(合成气制乙二醇)、煤制甲烷气(煤气甲烷化)、煤制甲醇、甲醇制醋酸等工艺;电石生产工艺;偶氮化工艺。

重点监管危险化学品基于国家安全生产监督管理总局发布的《首批重点监管的危险化学品名录》60 种和《第二批重点监管的危险化学品名录》14 种。该目录是在分析国内危险化学品生产情况和国内发生的危险化学品事故情况、国内外重点监管化学品品种、化学品固有危险特性及国内外重特大化学品事故等因素的基础上研究确定的,并给出了具体的安全处置措施和应急指导。实验室可参考其中相应的内容。

9.4.3 做好有毒有害废气的处理和防护

(142) 对于产生有毒有害废气的实验,须在通风柜中进行,并在实验装置尾端配有气体吸收装置,操作者佩戴合适有效的呼吸防护用具。

实验过程中使用易燃易爆、有毒有害挥发性组分的实验,均须在通风柜中进行,避免逸散出来的气体聚积,避免人员受到危害,关键时候通风柜还可以起到防护屏障的作用。

《中华人民共和国大气污染防治法》第四十五条规定:"产生含挥发性有机物废气的生产和服务活动,应当在密闭空间或者设备中进行,并按照规定安装、使用污染防治设施;无法密闭的,应当采取措施减少废气排放。"

中共中央办公厅、国务院办公厅印发的《关于加强科技伦理治理的意见》在"合理控制风险"中指出:"科技活动应客观评估和审慎对待不确定性和技术应用的风险,力求规避、防范可能引发的风险,防止科技成果误用、滥用,避免危及社会安全、公共安全、生物安全和生态安全。"虽然实验室产生的有毒有害废气排放量不是很大,但也应配备尾气吸收装置,不允许直接排放,因为这不仅是法律法规的要求,还是科技伦理的基本原则。

实验室内的空气质量应满足 GB/T 18883—2022《室内空气质量标准》、GBZ 2.1—2019《工作场所有害因素职业接触限值 第 1 部分：化学有害因素》中的相关要求。

9.5 管制类化学品管理

9.5.1 剧毒化学品执行"五双"管理(即双人验收、双人保管、双人发货、双把锁、双本账)，技术防范措施符合管制要求

根据《危险化学品目录》(2015 版)，剧毒化学品的定义和判定界限为：

定义：具有剧烈急性毒性危害的化学品，包括人工合成的化学品及其混合物和天然毒素，还包括具有急性毒性易造成公共安全危害的化学品。

剧烈急性毒性判定界限：急性毒性类别 1，即满足下列条件之一：大鼠实验，经口 $LD_{50} \leqslant 5$ mg/kg，经皮 $LD_{50} \leqslant 50$ mg/kg，吸入(4 h)$LC_{50} \leqslant 100$ mL/m^3(气体)或 0.5 mg/L(蒸气)或 0.05 mg/L(尘、雾)。经皮 LD_{50} 的实验数据，也可以使用兔实验数据。

《危险化学品安全管理条例》第二十四条规定："危险化学品应当储存在专用仓库、专用场地或者专用储存室(以下统称专用仓库)内，并由专人负责管理；剧毒化学品及储存数量构成重大危险源的其他危险化学品，应当在专用仓库内单独存放，并实行双人收发、双人保管制度。"

GA 1002—2012《剧毒化学品、放射源存放场所治安防范要求》对人力防范、实体防范和技术防范等方面做了要求，其中第 5.1.7 条关于"人力防范"的管理要求："剧毒化学品应单独存放，不得与易燃、易爆、腐蚀性物品等一起存放。应由专人负责管理，按照剧毒化学品性能分类、分区存放，并做好贮存、领取、发放登记工作，登记资料至少保存 1 年。"

GB 15603—2022《危险化学品仓库储存通则》中第 5.10 条关于"剧毒化学品的储存"要求："剧毒化学品、监控化学品、易制毒化学品、易制爆危险化学品，应按规定将储存地点、储存数量、流向及管理人员的情况报相关部门备案，剧毒化学品及

构成重大危险源的危险化学品,应在专用仓库内单独存放,并实行双人收发、双人保管制度。"

教育部《高等学校实验室安全规范》第二十五条规定:"管制化学品的安全管理须符合治安管理要求,严格执行各项规定。剧毒化学品执行'五双'管理(即双人验收、双人保管、双人发货、双把锁、双本账)、单独存放、不得与易燃、易爆、腐蚀性物品等一起存放,有专人管理并做好贮存、领取、发放情况登记工作,登记资料至少保存1年,防盗等技术防范措施符合管制要求。"

综上所述,结合高校实验室的特点,对剧毒化学品的管理执行"五双"管理,技术防范措施符合管制要求。剧毒化学品管理对门禁和监控的技防要求见"7.4 门禁监控"。

(143)单独存放,不得与易燃、易爆、腐蚀性物品等一起存放。

GA 1002—2012《剧毒化学品、放射源存放场所治安防范要求》第5.1.7条规定:"剧毒化学品应单独存放、不得与易燃、易爆、腐蚀性物品等一起存放。"

教育部《高等学校实验室安全规范》第二十五条规定,剧毒化学品应"单独存放、不得与易燃、易爆、腐蚀性物品等一起存放"。

(144)有专人管理并做好贮存、领取、发放情况登记,登记资料至少保存1年。

GA 1002—2012《剧毒化学品、放射源存放场所治安防范要求》第5.1.7条规定:"应由专人负责管理、按照剧毒化学品性能分类,分区存放,并做好贮存、领取、发放情况登记。登记资料至少保存1年。"

教育部《高等学校实验室安全规范》第二十五条规定,剧毒化学品应"有专人管理并做好贮存、领取、发放情况登记,登记资料至少保存1年"。

(145)防盗安全门应符合GB 17565《防盗安全门通用技术条件》的要求,防盗安全级别为乙级(含)以上,防盗锁应符合GA/T 73《机械防盗锁》的要求,防盗保险柜应符合GB 10409《防盗保险柜》的要求,监控管控执行公安部门的要求。

GA 1002—2012《剧毒化学品、放射源存放场所治安防范要求》第5.2.2条规定:"存入场所(部位)的防盗安全门应符合GB 17565的要求,其防盗安全级别为乙级(含)以上;防盗锁应符合GA/T 73的要求;防盗保险柜应符合GB 10409的要求。"

教育部《高等学校实验室安全规范》第二十五条规定,剧毒化学品"防盗等技术防范措施符合管制要求"。

9.5.2 易制毒化学品储存规范，台账清晰

(146) 应设置专用存储区或者专柜储存并有防盗措施。

(147) 第一类易制毒化学品、药品类易制毒化学品实行双人双锁管理，账册保存期限不少于 2 年。

易制毒化学品指公安部发布的《易制毒化学品管理条例》附录所列及后续公告增加的所有化学品。药品类易制毒化学品是指《易制毒化学品管理条例》中所确定的麦角酸、麻黄素等及其可能存在的盐类，品种目录见《药品类易制毒化学品管理办法》。

《药品类易制毒化学品管理办法》第三十一条规定："教学科研单位应当设立专柜储存药品类易制毒化学品。专库应当设有防盗设施，专柜应当使用保险柜；专库和专柜应当实行双人双锁管理。"

《易制毒化学品管理条例》第四十条中的第（四）项指出：对于"生产、经营、购买单位不记录或者不如实记录交易情况、不按规定保存交易记录或者不如实、不及时向公安机关和有关行政主管部门备案销售情况的"的行为，将由负有监督管理职责的行政主管部门依法予以处罚。

《易制毒化学品管理条例》第十九条规定："第一类易制毒化学品的使用单位，应当建立使用台账，并保存 2 年备查。"

教育部《高等学校实验室安全规范》第二十五条规定："管制化学品的安全管理须符合治安管理要求，严格执行各项规定。易制毒化学品应设置专用存储区或者专柜储存并有防盗措施，其中第一类易制毒化学品、药品类易制毒化学品实行双人双锁管理，账册保存期限不少于 2 年。"

9.5.3 易制爆化学品存量合规、双人双锁保管

(148) 易制爆化学品存量合规。

易制爆危险化学品是指公安部《易制爆危险化学品名录》（2017 年版）中所列的化学品。

公安部《易制爆危险化学品治安管理办法》第二十六条规定："教学、科研、医

疗、测试等易制爆危险化学品使用单位,可使用储存室或者储存柜储存易制爆危险化学品,单个储存室或者储存柜储存量应当在 50 kg 以下。"

GA 1511—2018《易制爆危险化学品储存场所治安防范要求》在对储存场所的分类中定义小剂量存放场所为:"教学、科研、医疗、测试等单位使用的,所有易制爆危险化学品的总量不超过 50 kg 的储存室或储存柜。"

教育部《高等学校实验室安全规范》第二十五条规定:"管制化学品的安全管理须符合治安管理要求,严格执行各项规定。易制爆化学品存量合规,设立专用存储区或者专柜储存并有防盗与防爆措施,符合双人双锁管理要求。"

实验室的易燃易爆危险化学品存量要求不超过 50 kg(见第 132 目),所以高校实验室应按照小剂量场所进行管理。

(149)存放场所出入口应设置防盗安全门,或存放在专用储存柜内,储存场所防盗安全级别应为乙级(含)以上,专用储存柜应具有防盗功能,符合双人双锁管理要求,台账账册保存期限不少于 1 年。

GA 1511—2018《易制爆危险化学品储存场所治安防范要求》第 7.5 条指出:"小剂量存放场所出入口应设置防盗安全门,或将易制爆危险化学品存放在房间的专用储存柜内。"第 7.9 条规定:"储存场所使用的防盗安全门应符合 GB 17565—2007 的要求,其防盗安全级别应为乙级(含)以上;专用储存柜应具有防盗功能,符合双人双锁管理要求,并安装机械防盗锁,机械防盗锁应符合 GA/T 73 的相关规定。"GB 17565—2022《防盗安全门通用技术条件》将于 2024 年 1 月 1 日实施。

GA 1511—2018《易制爆危险化学品储存场所治安防范要求》第 6.6 条规定:"保管员应每天核对易制爆危险化学品存放情况,登记资料至少保存 1 年。"

GA 1511—2018《易制爆危险化学品储存场所治安防范要求》中表 A.1 对小剂量存放场所的出入口和存放部位的防范要求为:如果是储存室则出入口需要防盗安全门和视频监控装置,如果使用储存柜则需要视频监控装置。

教育部《高等学校实验室安全规范》第二十五条规定:"管制化学品的安全管理须符合治安管理要求,严格执行各项规定。易制爆化学品存量合规,设立专用存储区或者专柜储存并有防盗与防爆措施,符合双人双锁管理要求。"

实验室易制爆危险化学品存放的两个实际困难为:

（1）易制爆危险化学品存放50 kg以内要求相同，不管多少都没有豁免。多数实验室的易制爆试剂是常买常用，不会长期过量存放，50 kg存放限量对多数实验室来说没有区分度，也就是说，实验室即使存放很少量易制爆试剂也是同样的管理要求，即双人双锁、专用储存柜、视频监控，且有防盗级别要求。

（2）需要低温储存的过氧化氢。过氧化氢是一种易制爆化学品，受易制爆治安管理的控制。过氧化氢室温下容易分解，需要储存在冰箱中才能保持相对稳定。目前市面上极少有合乎易制爆管理要求的双锁冰箱，导致实验室过氧化氢的合规储存成为难点。建议少于1瓶(500 mL)的过氧化氢溶液在冰箱中储存，免予双锁限制。实验室应经常检查，及时更新存量台账，不用时及时做报废处理，加强实验室及楼宇的门禁/监控管理，保证时时处于安全状态。

9.5.4 麻醉药品和第一类精神药品管理符合"双人双锁"要求，有专用账册

(150) 设立专库或者专柜储存，专库应当设有防盗设施并安装报警装置，专柜应当使用保险柜，专库和专柜应当实行双人双锁管理。

麻醉药品和精神药品及其分类分别参见《麻醉药品品种目录》(2013年)、《精神药品品种目录》(2013年)。

《麻醉药品和精神药品管理条例》第四十六条规定："麻醉药品药用原植物种植企业、定点生产企业、全国性批发企业和区域性批发企业及国家设立的麻醉药品储存单位，应当设置储存麻醉药品和第一类精神药品的专库，该专库应当符合下列要求：（一）安装专用防盗门，实行双人双锁管理。"第四十七条规定："麻醉药品和第一类精神药品的使用单位应当设立专库或者专柜储存麻醉药品和第一类精神药品。专库应当设有防盗设施并安装报警装置；专柜应当使用保险柜。专库和专柜应当实行双人双锁管理。"

教育部《高等学校实验室安全规范》第二十五条规定："管制化学品的安全管理须符合治安管理要求，严格执行各项规定。麻醉药品和第一类精神药品应有专用账册，设立专用存储区或者专柜储存，专用存储区与专柜的防盗等技术防范措施符合管制要求，实行双人双锁管理。"

（151）配备专人管理并建立专用账册，专用账册的保存期限应当自药品有效期期满之日起不少于5年。

《麻醉药品和精神药品管理条例》中关于麻醉药品管理的规定：

第四十八条　麻醉药品药用原植物种植企业、定点生产企业、全国性批发企业和区域性批发企业、国家设立的麻醉药品储存单位及麻醉药品和第一类精神药品的使用单位，应当配备专人负责管理工作，并建立储存麻醉药品和第一类精神药品的专用账册。药品入库双人验收，出库双人复核，做到账物相符。专用账册的保存期限应当自药品有效期期满之日起不少于5年。

第四十九条　第二类精神药品经营企业应当在药品库房中设立独立的专库或者专柜储存第二类精神药品，并建立专用账册，实行专人管理。专用账册的保存期限应当自药品有效期期满之日起不少于5年。

9.5.5　爆炸品单独隔离、限量存储，使用、销毁按照公安部门的要求执行

教育部《高等学校实验室安全规范》第二十五条规定："管制化学品的安全管理须符合治安管理要求，严格执行各项规定。爆炸品单独隔离、限量存储，使用、销毁按照公安部门的要求执行。"

（152）收存和发放民用爆炸物品必须进行登记，做到账目清楚，账物相符。

民用爆炸物品是指《民用爆炸物品品名表》中所列的物质。实验室使用和存放爆炸物品遵守《民用爆炸物品安全管理条例》的相关规定：

第四十一条　储存民用爆炸物品应当遵守下列规定：

（一）建立出入库检查、登记制度，收存和发放民用爆炸物品必须进行登记，做到账目清楚，账物相符；

（二）储存的民用爆炸物品数量不得超过储存设计容量，对性质相抵触的民用爆炸物品必须分库储存，严禁在库房内存放其他物品；

（三）专用仓库应当指定专人管理、看护，严禁无关人员进入仓库区内，严禁在仓库区内吸烟和用火，严禁把其他容易引起燃烧、爆炸的物品带入仓库区内，严禁在库房内住宿和进行其他活动；

（四）民用爆炸物品丢失、被盗、被抢，应当立即报告当地公安机关。

9.6 实验气体管理

9.6.1 从合格供应商处采购实验气体，建立气体(气瓶)台账

(153) 查看记录。

气体供应商应具备危险化学品经营许可证、气瓶充装许可证、道路运输经营许可证等资格证书，且在有效期内。

9.6.2 气体(气瓶)的存放和使用符合相关要求

(154) 气体(气瓶)存放点须通风、远离热源、避免暴晒，地面平整干燥。

(155) 气瓶应合理固定。

实验室使用气体的风险来自两个方面：一个是气瓶本身，另一个是气瓶中的气体。气瓶属于特种设备，其技术要求、维护、使用均应符合特种设备关于气瓶的要求。TSG 23—2021《气瓶安全技术规程》中第 8.6.9 条"安全用气使用说明"中指出："禁止将盛装气体的气瓶置于人员密集或靠近热源的场所，禁止使用任何热源对气瓶加热。"气瓶属于高压特种设备，外来热源都能造成其内部压力额外增大，从而增大危险性。

GB/T 34525—2017《气瓶搬运、装卸、储存和使用安全规定》中第 9 部分"气瓶安全使用要点"中指出："气瓶使用时，应立放，并应有防止倾倒的措施。"气瓶口是气瓶的薄弱部位，一旦倾倒可能因受到冲击而损坏。如果发生气体泄漏，不仅会有气体的危害，还有由于气体喷射反作用力导致物理伤害的风险，所以气瓶必须进行有效固定。

气瓶使用气瓶架固定，要注意及时关闭档杆或链条；使用固定带、固定链条时，固定位置应在气瓶瓶口向下 1/3～1/2 的位置。

(156) 危险气体气瓶尽量置于室外，室内放置应使用常时排风且带监测报警装置的气瓶柜。

气瓶有高压的危险特性，气体有易燃、易爆、有毒、窒息等危险特性，气体事故往往威力大、传播快、范围广，所以气体和气瓶是实验室的重要危险源。将气瓶放在室外可以最大限度地降低各种风险。如果不具备放到室外的条件而只能选择放在室内时，应采取必要的防范措施。

通风良好可以避免气体聚积，从而降低火灾、缺氧、中毒等的风险。使用无毒窒息性气体时，可选择自然通风，以防止因大量使用该气体而导致室内氧含量降低。使用易燃易爆、有毒有害等危险气体时，应将气瓶放在带常时排风或联动排风的气瓶柜中，杜绝危险气体泄漏带来的风险。

气瓶间的排风设计参考 JGJ 91—2019《科研建筑设计标准》中第 10.4.1 条的相关要求。气体监测报警装置参照第 158 目。

（157）气瓶的存放应控制在最小需求量。

气瓶及危险气体是实验室的重要危险源，应对实验室合理规划，将气瓶的存放控制在最小量，最大限度降低气瓶和气体带来的风险。

可以参考北京市地方标准 DB11/T 1191.2—2018《实验室危险化学品安全管理规范 第 2 部分：普通高等学校》中第 9.5 条的规定："每间实验室内存放的氧气和可燃气体各不宜超过一瓶或两天的用量；实验室内与仪器设备配套使用的气瓶，应控制在最小需求量；备用气瓶、空瓶不应存放在实验室内。"

（158）涉及有毒、可燃气体的场所，配有通风设施和相应的气体监测和报警装置等，张贴必要的安全警示标志。

《危险化学品安全管理条例》第二十条规定："生产、储存危险化学品的单位，应当在其作业场所和安全设施、设备上设置明显的安全警示标志。"

GB 55037—2022《建筑防火通用规范》第 8.3.3 条规定："除住宅建筑的燃气用气部位外，建筑内可能散发可燃气体、可燃蒸气的场所应设置可燃气体探测报警装置。"

危险气体储存部位应采取工程控制措施，防止达到或超过可燃气体的爆炸限值，可以加装常时排风或与监测报警装置联动的排风装置。

实验室气体监测及报警装置的安装可参考 GBZ/T 223—2009《工作场所有毒气体检测报警装置设置规范》、GB/T 50493—2019《石油化工可燃气体和有毒气体检测报警设计标准》的相关条目，检测报警仪的使用和维护参照 T/CCSAS 015—2022《气体检测报警仪安全使用及维护规程》。

张贴标识是使用危险化学品的基本要求，使用危险气体也有同样的要求。

（159）可燃性气体与氧气等助燃气体气瓶不得混放。

GB 15603—2022《危险化学品仓库储存通则》中第 5.9 条规定："剧毒化学品、易燃气体、氧化性气体、急性毒性气体、遇水放出易燃气体的物质和混合物、氯酸盐、高锰酸盐、亚硝酸盐、过氧化钠、过氧化氢、溴素应分离储存。"

可燃气体与助燃气体互为禁忌,如果混放,一旦发生气体泄漏则可能导致不可控局面。

(160) 独立的气体气瓶室应通风、不混放、有监控,有专人管理和记录。

独立的气瓶室是危险源集中的地方,除严格遵守气瓶(气体)管理的技术规范外,应有专人管理,或进行实时监控。

(161) 有供应商提供的气瓶定期检验合格标识,无超过检验有效期的气瓶、无超过设计年限的气瓶。

TSG 23—2021《气瓶安全技术规程》中的表 3-5 对气瓶的定期检验给出了严格的规定:

表 3-5　常用气瓶的设计使用年限

序号	气瓶品种	设计使用年限/年
1	钢质无缝气瓶	20
2	铝合金无缝气瓶	
3	溶解乙炔气瓶及吸附式天然气钢瓶	
4	长管拖车、管束式集装箱用大容积钢质无缝气瓶	20
5	钢质焊接气瓶	
6	燃气气瓶	8
7	焊接绝热气瓶	20
8	汽车用液化天然气气瓶、车用压缩氢气铝内胆碳纤维全缠绕气瓶	10
9	汽车用压缩天然气钢瓶、车用液化石油气钢瓶、车用液化二甲醚钢瓶	15
10	金属内胆纤维缠绕气瓶(不含车用氢气瓶)	
11	盛装腐蚀性气体或者在海洋等易腐蚀环境中使用的钢质无缝气瓶、钢质焊接气瓶	12

表 9-1　气瓶定期检验周期

气瓶品种	介质、环境		检验周期/年
钢质无缝气瓶、钢质焊接气瓶(不含液化石油气钢瓶、液化二甲醚钢瓶)、铝合金无缝气瓶	腐蚀性气体、海水等腐蚀性环境		2
	氦、六氟化硫、四氟甲烷及惰性气体		5
	纯度大于或者等于 99.999% 的高纯气体(气瓶内表面经防腐蚀处理且内表面粗糙度达到 $Ra0.4$ 以上)	剧毒	5
		其他	8
	混合气体		按混合气体中检验周期最短的气体特性确定(微量组分除外)
	其他气体		3

续表

气瓶品种		介质、环境	检验周期/年
液化石油气钢瓶、液化二甲醚钢瓶	民用	液化石油气、液化二甲醚	4
	车用		5
车用压缩天然气瓶		压缩天然气、氢气、空气、氧气	3
车用氢气气瓶			
气体储运用纤维缠绕气瓶			
呼吸器用复合气瓶			
低温绝热气瓶（含车用气瓶）		液氧、液氮、液氩、液化二氧化碳、液化氧化亚氮、液化天然气	3
溶解乙炔气瓶		溶解乙炔	3

(162) 气瓶颜色符合 GB/T 7144《气瓶颜色标志》的规定，确认"满、使用中、空瓶"三种状态。

GB/T 7144—2016《气瓶颜色标志》中的表 2 对气瓶瓶身颜色、字体颜色、色环做出了规定，观察这些标志可以对气体做出大致判断，日常安全检查中非常受用。气体标签内容应和外观判断一致。

表 2 气瓶颜色标志一览表

序号	充装气体	化学式（或符号）	体色	字样	字色	色环
1	空气	Air	黑	空气	白	$P=20$，白色单环 $P\geqslant30$，白色双环
2	氩	Ar	银灰	氩	深绿	
3	氟	F_2	白	氟	黑	
4	氦	He	银灰	氦	深绿	$P=20$，白色单环 $P\geqslant30$，白色双环
5	氪	Kr	银灰	氪	深绿	
6	氖	Ne	银灰	氖	深绿	

对气瓶的"满、使用中、空瓶"状态进行标记，可有效提示实验室人员对气瓶进行相应的操作。

(163) 使用完毕，应及时关闭气瓶总阀。

用毕气体应及时关闭总阀，以降低漏气可能导致的不可控风险。有的实验室经常只关气路阀门或者仪器上的阀门，这种习惯应加以纠正。

(164) 气瓶附件齐全。

TSG 23—2021《气瓶安全技术规程》对气瓶附件的定义："与气瓶瓶体直接相

连的具有安全保护或者防护功能的气瓶组件或者仪表,包括安全附件(如阀门、安全泄压装置、紧急切断装置等)、保护附件(如瓶帽、保护罩、底座、颈圈等)、安全仪表(如压力表、液位计等)。"

TSG 23—2021《气瓶安全技术规程》第7.3条对气瓶保护附件做了如下规定:

7.3 气瓶保护附件

(1) 无缝气瓶出厂时,应当装配不影响瓶阀手轮正常使用的保护罩(保护罩参考样式见本规程附件T),并且不得装配螺纹式瓶帽;

(2) 公称容积大于或者等于10 L的钢质焊接气瓶(含溶解乙炔气瓶),应当装配不可拆卸的保护罩或者固定式瓶帽;

(3) 气瓶保护罩或者固定式瓶帽应当具有良好的抗撞击性,不得用铸铁制造;公称容积小于或者等于5 L的钢质无缝气瓶和公称容积小于或者等于15 L的铝合金无缝气瓶的保护罩,可以用工程塑料制造;

(4) 不能靠瓶底竖立的气瓶,应当装配底座(采用固定支架或者集装框架的气瓶除外),使气瓶能够稳定竖立,并且有效防止气瓶底部锈蚀;

(5) 5 L以上的无缝气瓶应当装配颈圈,并且在颈圈上设置适当的电子识读标志。

气瓶保护罩的样式见图T-1(a)~(f)。

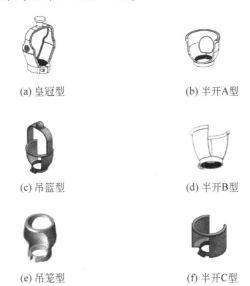

(a) 皇冠型　　　　　(b) 半开A型

(c) 吊篮型　　　　　(d) 半开B型

(e) 吊笼型　　　　　(f) 半开C型

图T-1 气瓶保护罩的样式

减压阀不属于气瓶附件,减压阀的使用和维护应按照减压阀的使用说明书进行。

防震圈不属于气瓶附件,中国工业气体工业协会团体标准 T/CCGA 20006—2021《气瓶安全使用技术规定》第 7.9 条对防震圈的使用做出了规定:"气瓶运输,宜采用直立运输并符合 GB/T 30685 的要求,应可靠固定气瓶,以免气瓶移动或相互碰撞;直立运输的专用气瓶,不宜装防震圈。气瓶横放运输时,应当整齐放置,垛高不得超过车栏板高度;瓶阀端应朝向一致。"

9.6.3 在较小的密封空间使用可引起窒息的气体,须安装氧含量监测报警装置

(165) 在存有大量无毒窒息性压缩气体或液化气体(液氮、液氩)的较小密闭空间,为防止气体大量泄漏或蒸发导致缺氧,须安装氧含量监测报警装置。

无毒窒息性气体一般指氮、氩、二氧化碳、氦等,由于其无色无味,很容易被忽视。

如果实验室内连续使用窒息性气体又不能通风换气,那么实验室内的氧气含量必然会逐渐降低。液态气体在存放过程中一直会有部分蒸发,同样会稀释室内的氧气浓度。如果发生大量泄漏,则室内氧含量会瞬间降低。

氧含量的降低会导致人的思维障碍,甚至使人逐渐失去意识。为了避免窒息性事故的发生,在存在大量窒息性气体隐患风险的较小密闭空间,须安装氧含量监测报警装置。

9.6.4 气体管路和气瓶连接正确,有清晰的标识

(166) 管路材质选择合适,无破损或老化现象,定期进行气密性检查;存在多条气体管路的房间须张贴详细的管路图,管路标识正确。

实验室气体管路可以参照 JGJ 91—2019《科研建筑设计标准》第 10 部分设计安装,管道材料选用参见第 10.2.1 条。

JGJ 91—2019《科研建筑设计标准》第 10.3.1 条指出:"气体管道的连接应采用焊接,可燃气体管道不应用螺纹连接。"当管路位于日常不易触及的高度或位置,使用螺纹连接容易漏气又难以及时检漏时,使用焊接方式可大大降低漏气的风险。

在存在多条气路的位置应张贴管路图,做好管路气体成分和流向标识,以防误操作。2009年7月3日,浙江大学实验室因误将一氧化碳气体接至错误的房间而造成一人死亡。这就是一起因标识不清导致的责任事故。

9.7 实验室化学废弃物的收集、分类和转运

实验室产生的危险废物属于《国家危险废物名录》(2021年版)HW49类别,废物代码是900-047-49,其特点是"生产、研究、开发、教学、环境检测(监测)活动中,化学和生物实验室(不包含感染性医学实验室及医疗机构化验室)产生的含氰、氟、重金属无机废液及无机废液处理产生的残渣、残液,含矿物油、有机溶剂、甲醛的有机废液,废酸、废碱,具有危险特性的残留样品,以及沾染上述物质的一次性实验用品(不包括按实验室管理要求进行清洗后的废弃烧杯、量器、漏斗等实验室用品)、包装物(不包括按实验室管理要求进行清洗后的试剂包装物、容器)、过滤吸附介质等"。

9.7.1 实验室应设立化学废弃物暂存区

(167) 暂存区应远离火源、热源和不相容物质,避免日晒、雨淋,存放两种及以上不相容的实验室危险废物时,应分不同区域。

实验室废物的存放及处理应遵守《中华人民共和国固体废物污染环境防治法》和 GB 18597—2023《危险废物贮存污染控制标准》中相关条款的要求。

产生化学危险废物的实验室内应设置化学废物暂存区,暂存区的化学废物要相容,一旦泄漏不易触发次生危险,如酸与碱、氧化剂与还原剂不能混放。

实验室化学废物具有毒性、腐蚀性、易燃性、反应性中一种或者几种危险特性,且成分更复杂,应远离火源、热源和不相容物质,避免日晒、雨淋,且应兼顾不相容性。

(168) 暂存区应有警示标志并有防遗洒、防渗漏设施或措施。

《中华人民共和国固体废物污染环境防治法》第七十七条规定:"对危险废物的容器和包装物及收集、贮存、运输、利用、处置危险废物的设施、场所,应当按照规定设置危险废物识别标志。"

GB/T 31190—2014《实验室废弃化学品收集规范》第 6.3 条规定："盛装实验室废弃化学品的包装容器应张贴规范的实验室废弃化学品标签。实验室废弃化学品的贮存设施或区域应设立醒目的警告标志。"

暂存区应在明显处粘贴危险废物的警示标志，以起到提醒和告知的作用。废液收集容器下应设置防渗漏托盘或采取其他有效的储漏措施，对于有条件的暂存区，也可以设置防渗漏地坪及储漏槽。

9.7.2 实验室内须规范收集化学废弃物

（169）危险废物应按化学特性和危险特性，进行分类收集和暂存。

（170）废弃的化学试剂应存放在原试剂瓶中，保留原标签，且瓶口朝上放入专用固废箱中。

（171）针头等利器须放入利器盒中收集。

（172）废液应分类装入专用废液桶中，液面不超过容量的 3/4。废液桶须满足耐腐蚀、抗溶剂、耐挤压、抗冲击的要求。

《中华人民共和国固体废物污染环境防治法》第八十一条规定："收集、贮存危险废物，应当按照危险废物的特性分类进行。禁止混合收集、贮存、运输、处置性质不相容而未经安全性处置的危险废物。贮存危险废物应当采取符合国家环境保护标准的防护措施。禁止将危险废物混入非危险废物中贮存。"

危险废物的分类可参照 GB/T 31190—2014《实验室废弃化学品收集规范》第 4 部分"实验室废弃化学品的分类要求"、第 7 部分"实验室废弃化学品收集、贮存要求"，具体按照对接的危险废物处理企业的要求执行。下面以北京市的危险废物处理企业金隅红树林环保技术有限责任公司为例将其处理要求总结如下：

1. 危险化学废弃物（反应已经完成的）应按化学特性和相容性原则分类收集和存放，酸液、碱液、含卤素有机物废液、其他有机废液、含氰废液、含汞废液应分开收集，剧毒和不明成分的液体应单独收集并标识。

2. 废液桶须用红树林统一的 25 L 标准桶，且废液不能超过桶容量的 3/4。

3. 低于 500 mL 的瓶装废液须拧紧瓶盖后放入纸箱，超过 500 mL 的废液需倒入 25 L 废液桶回收。

4. 碎玻璃器皿须用塑料袋盛装后放入周转箱或纸箱，自备纸箱的长、宽、高不能超过 60 cm。

5. 针头等利器须单独存放在能密封的玻璃瓶或利器盒内。

6. 试剂空瓶内不能残留试剂且要拧紧瓶盖,用塑料袋盛装后放入周转箱或纸箱。

7. 实验手套等一次性实验用品须用塑料袋盛装后放入周转箱或纸箱。

8. 硅胶、粉末和颗粒状的固体废弃物须用实验室管理处统一发放的 10 L 粉末桶盛装。

9. 固体和液体废弃物不能放在一个箱子内混装。

10. 废液桶、粉末桶和纸箱的表面须粘贴危险废物专用信息标签,填写废物的主要成分(可以写多种试剂名称)、楼宇、实验室房间号、经办人电话并签字。若使用周转箱,可将填好的专用信息标签放入箱内。

11. 剧毒化学品按照北京市金隅红树林环保技术有限责任公司的相关规定处理,不明成分的废物按剧毒化学品处理。

12. 遇以下情况将暂停运输回收:国家法定节假日,政府禁止运输化学废弃物的时间段,学校有重大活动日,雨雪、高温和极端恶劣天气时,废液柜已满时。

(173) 实验室危险废物收集容器上应粘贴危险废物信息标签、警示标识。

GB 18597—2023《危险废物贮存污染控制标准》第七部分对容器和包装物污染控制提出了要求:

7.1 容器和包装物材质、内衬应与盛装的危险废物相容。

7.2 针对不同类别、形态、物理化学性质的危险废物,其容器和包装物应满足相应的防渗、防漏、防腐和强度等要求。

7.3 硬质容器和包装物及其支护结构堆叠码放时不应有明显变形,无破损泄漏。

7.4 柔性容器和包装物堆叠码放时应封口严密,无破损泄漏。

7.5 使用容器盛装液态、半固态危险废物时,容器内部应留有适当的空间,以适应因温度变化等可能引发的收缩和膨胀,防止其导致容器渗漏或永久变形。

7.6 容器和包装物外表面应保持清洁。

GB 18597—2023《危险废物贮存污染控制标准》中第 4.6 条规定:"贮存设施或场所、容器和包装物应按 HJ 1276 要求设置危险废物贮存设施或场所标志、危险废物贮存分区标志和危险废物标签等危险废物识别标志。"

（174）严禁将实验室危险废物直接排入下水道，严禁与生活垃圾、感染性废物或放射性废物等混装。

《中华人民共和国固体废物污染环境防治法》第二十条规定："产生、收集、贮存、运输、利用、处置固体废物的单位和其他生产经营者，应当采取防扬散、防流失、防渗漏或者其他防止污染环境的措施，不得擅自倾倒、堆放、丢弃、遗撒固体废物。禁止任何单位或者个人向江河、湖泊、运河、渠道、水库及其最高水位线以下的滩地和岸坡，以及法律法规规定的其他地点倾倒、堆放、贮存固体废物。"

《中华人民共和国固体废物污染环境防治法》第八十一条规定："禁止将危险废物混入非危险废物中，故严禁将实验室危险废物排入下水道或混入生活垃圾。为避免感染性废物、放射性废物产生扩散风险，应将化学废物与之分开存放和处理。"

《中华人民共和国固体废物污染环境防治法》第一百一十二条规定："（六）未按照国家环境保护标准贮存、利用、处置危险废物或者将危险废物混入非危险废物中贮存的；（七）未经安全性处置，混合收集、贮存、运输、处置具有不相容性质的危险废物的，处十万元以上一百万元以下罚款，情节严重的，报经有批准权的人民政府批准，可以责令停业或者关闭。"

9.7.3 学校应建设化学废弃物贮存站并规范管理

GB/T 31190—2014《实验室废弃化学品收集规范》第3.9条定义的集中存储区，是指实验室废弃化学品产生者或废弃化学品经营者设置和统一管理的实验室废弃化学品被最终移交处理前的主要贮存区域。

GB 18597—2023《危险废物贮存污染控制标准》中第4.1条规定："产生、收集、贮存、利用、处置危险废物的单位应建造危险废物贮存设施或设置贮存场所，并根据需要选择贮存设施类型。"学校应建立化学废弃物贮存站，收集暂存全校实验室产生的危险废物，并进行规范化管理。

教育部《高等学校实验室安全规范》规定：

第二十七条　学校应建有危险品存储区、化学实验废物贮存站，对化学实验废物集中定点存放。

第二十八条　建立化学实验危险废物管理制度，按要求制订实验危险废物管理计划并报生态环境部门备案；委托有相应危险废物经营许可证的单位对实验危险废物进行清运、处置。

(175) 贮存设施、场所应当按照规定设置危险废物识别标志，存储装置符合GB/T 41962《实验室废弃物存储装置技术规范》的要求，易燃废弃物室外存储装置的单套内部面积应不大于 30 m²、高应不大于 3 m（尺寸误差应不大于10%），并在通风口处设置防火阀，公称动作温度为 70℃。

GB 18597—2023《危险废物贮存污染控制标准》中第4.6条规定了危险废物贮存设施或设置贮存场所应设置警示标志并按 GB 15562.2—1995《环境保护图形标志 固体废物贮存（处置）场》在明显位置粘贴危险废物警示标志，起到提醒和告知作用，如图 9-1 所示。

图 9-1 危险废物

多数高校的化学废弃物贮存站采用暂存柜的形式，暂存柜的技术要求应符合 GB/T 41962—2022《实验室废弃物存储装置技术规范》的要求，例如，第 6.2 条对室内存储装置的要求有：内部体积不应大于 1 m³、应安装符合 GA/T 73 规定的机械防盗锁，并对防泄漏、通风、防静电接地等都做出了要求；第 7.2 条对室外存储装置的要求有：易燃废弃物室外存储装置的单套内部面积应不大于 30 m²、高应不大于 3 m（尺寸误差应不大于10%），并在通风口处设置防火阀，公称动作温度为 70℃，对防泄漏、通风、气体净化、泄压、电气、监测与报警、接地保护、消防等做出了具体要求。

(176) 贮存站应有具体的管理办法并将贮存站安全运行、实验室危险废物出站转运等日常管理工作落实到相关人员的岗位职责中。

教育部《高等学校实验室安全规范》第二十八条规定："建立化学实验危险废物管理制度，按要求制定实验危险废物管理计划并报生态环境部门备案；委托有相应危险废物经营许可证的单位，对实验危险废物进行清运、处置。"

贮存站应制定相关管理文件，明确人员的岗位职责，确保危险废物安全贮存、设备设施正常运行、台账清晰完整、应急物资充足、防护措施合理。

(177) 制定意外事故的防范措施和应急预案，并向所在地生态环境主管部门备案。

《中华人民共和国固体废物污染环境防治法》第八十五条规定："产生、收集、贮存、运输、利用、处置危险废物的单位，应当依法制定意外事故的防范措施和应急预案，并向所在地生态环境主管部门和其他负有固体废物污染环境防治监督管理职责的部门备案。"

9.7.4　化学废弃物的转运须合规

（178）委托有危险废物处置资质的专业厂家集中处置化学废弃物，并查看协议。

《中华人民共和国固体废物污染环境防治法》第八十条规定："从事收集、贮存、利用、处置危险废物经营活动的单位，应当按照国家有关规定申请取得许可证。许可证的具体管理办法由国务院制定。禁止无许可证或者未按照许可证规定从事危险废物收集、贮存、利用、处置的经营活动。禁止将危险废物提供或者委托给无许可证的单位或者其他生产经营者从事收集、贮存、利用、处置活动。"

GB/T 31190—2014《实验室废弃化学品收集规范》第6.1条规定："实验室废弃化学品产生者如无妥善处理废弃化学品的技术设施，应将其产生的实验室废弃化学品收集交给具有相应处理资质的废弃化学品经营者进行转运、处置，严禁擅自倾倒、排放或交未取得经营资格的单位进行处置。"

教育部《高等学校实验室安全规范》第二十八条规定："委托有相应危险废物经营许可证的单位，对实验危废进行清运、处置。"

故委托协议或合同中应附有危险废物处置单位提供的危险废物经营许可证证明材料，且许可证上可处置废物的类别与实际相符合。

（179）建立危险废物管理台账，如实记录有关信息，包括种类、产生量、流向、贮存、处置等有关资料。

《中华人民共和国固体废物污染环境防治法》第七十八条规定："产生危险废物的单位，应建立危险废物管理台账，如实记录有关信息。"故危险废物贮存站或者学校相关部门，应提供清晰、完整的台账，按照实际产生和处置情况，详细记录相关情况。

教育部《高等学校实验室安全规范》第二十八条规定："建立化学实验危险废物管理制度，按要求制定实验危险废物管理计划并报生态环境部门备案。"

HJ 1259—2022《危险废物管理计划和管理台账制定技术导则》第4.1.1条指

出:"产生危险废物的单位,应当按照本标准第4.3条规定的分类管理要求,制订危险废物管理计划,内容应当包括减少危险废物产生量和降低危险废物危害性的措施及危险废物贮存、利用、处置措施;建立危险废物管理台账,如实记录危险废物的种类、产生量、流向、贮存、利用、处置等有关信息;通过国家危险废物信息管理系统向所在地生态环境主管部门备案危险废物管理计划,申报危险废物有关资料。"

(180)校外转运之前,贮存站必须妥善管理实验室危险废物,采取有效措施,防止废物的扬散、流失、渗漏或造成其他环境污染。

HJ 2025—2012《危险废物收集 贮存 运输技术规范》第5.5条规定:"在危险废物的收集和转运过程中,应采取相应的安全防护和污染防治措施,包括防爆、防火、防中毒、防感染、防泄漏、防飞扬、防雨或其他防止污染环境的措施。"

《危险废物转移管理办法》第九条规定:"危险废物转移过程中应当采取防扬散、防流失、防渗漏或者其他防止污染环境的措施,不得擅自倾倒、堆放、丢弃、遗撒危险废物,并对所造成的环境污染及生态破坏依法承担责任。"

(181)转运人员应使用专用运输工具,运输前根据运输废物的危险特性,应携带必要的应急物资和个体防护用具,如收集工具、手套、口罩等。

HJ 2025—2012《危险废物收集 贮存 运输技术规范》第4.5条规定:"进入现场清理和包装危险废物的人员应受过专业培训,穿着防护服,并佩戴相应的防护用具。"第5.4条规定:"危险废物收集和转运作业人员应根据工作需要配备必要的个体防护装备,如手套、防护镜、防护服、防毒面具或口罩等。"第5.7条规定:"收集时应配备必要的收集工具和包装物,以及必要的应急监测设备及应急装备。"

(182)实验室危险废物的校外转运必须按照国家有关规定填写危险废物电子或者纸质转移联单,任何单位和个人未经许可不得非法转运。

《中华人民共和国固体废物污染环境防治法》第八十二条规定:"转移危险废物应当按照国家有关规定填写、运行危险废物电子或者纸质转移联单。"

《危险废物转移管理办法》规定:

第七条 转移危险废物的,应当通过国家危险废物信息管理系统(以下简称信息系统)填写、运行危险废物电子转移联单,并依照国家有关规定公开危险废物转移的相关污染环境防治信息。

第十条　移出人应当履行以下义务：

（一）对承运人或者接受人的主体资格和技术能力进行核实，依法签订书面合同，并在合同中约定运输、贮存、利用、处置危险废物的污染防治要求及相关责任；

（二）制订危险废物管理计划，明确拟转移危险废物的种类、重量（数量）和流向等信息；

（三）建立危险废物管理台账，对转移的危险废物进行计量称重，如实记录、妥善保管转移危险废物的种类、重量（数量）和接受人等相关信息；

（四）填写、运行危险废物转移联单，在危险废物转移联单中如实填写移出人、承运人、接受人信息，转移危险废物的种类、重量（数量）、危险特性等信息，以及突发环境事件的防范措施等；

（五）及时核实接受人贮存、利用或者处置相关危险废物的情况；

（六）法律法规规定的其他义务。

移出人应当按照国家有关要求开展危险废物鉴别。禁止将危险废物以副产品等名义提供或者委托给无危险废物经营许可证的单位或者其他生产经营者从事收集、贮存、利用、处置活动。

HJ 1259—2022《危险废物管理计划和管理台账制定技术导则》已于2022年10月1日开始实施，各高校应按生态环境主管部门的要求，制订危险废物管理计划，建立危险废物管理台账和申报危险废物，加强危险废物规范化管理。

10 生物安全

10.1 实验室生物安全等级

10.1.1 开展病原微生物实验研究的实验室，须具备相应的安全等级资质

（183）BSL-3/ABSL-3、BSL-4/ABSL-4 实验室须经政府部门批准建设，BSL-1/ABSL-1、BSL-2/ABSL-2 实验室由学校建设后报卫生或农业部门备案。

《中华人民共和国生物安全法》第四十六条规定："高等级病原微生物实验室从事高致病性或者疑似高致病性病原微生物实验活动，应当经省级以上人民政府卫生健康或者农业农村主管部门批准，并将实验活动情况向批准部门报告。"

《病原微生物实验室生物安全管理条例》中第十九条、第二十条、第二十五条规定："高等级病原微生物实验室从事高致病性或者疑似高致病性病原微生物实验活动，应当经省级以上人民政府卫生健康或者农业农村主管部门批准，并将实验活动情况向批准部门报告。新建、改建或者扩建一级、二级实验室，应当向设区的市级人民政府卫生主管部门或者兽医主管部门备案。新建、改建、扩建三级、四级实验室或者生产、进口移动式三级、四级实验室应当经国务院科技主管部门审查同意。"

10.1.2 在相应等级的实验室开展涉及致病性生物因子的实验活动

（184）以国家法律、法规、标准、规范，以及权威机构发布的指南、数据等为依据，对涉及的致病性生物因子进行风险评估，选择对应的实验室安全级别进行致病性病原微生物研究，重点关注：开展未经灭活的高致病性病原微生物（列入一类、二类）相关实验和研究，必须在 BSL-3/ABSL-3、BSL-4/ABSL-4 实验室中进行；开展低致病性病原微生物（列入三类、四类），或经灭活的高致病性感染性材料的相关

实验和研究，必须在 BSL-1/ABSL-1、BSL-2/ABSL-2 或以上等级实验室中进行。

《中华人民共和国生物安全法》第四十五条规定："从事病原微生物实验活动应当在相应等级的实验室进行。低等级病原微生物实验室不得从事国家病原微生物目录规定应当在高等级病原微生物实验室进行的病原微生物实验活动。"

《中华人民共和国生物安全法》第四十六条规定："对我国尚未发现或者已经宣布消灭的病原微生物，未经批准不得从事相关实验活动。"

病原微生物分类参见《人间传染的病原微生物名录》，其中指出："对未知样本检测操作，应在保证安全的前提下，在生物安全二级或以上防护级别的实验室进行，涉及病毒分离培养的操作，应加强个体防护和环境保护。要密切注意流行病学动态和临床表现，判断是否存在高致病性病原体，若判定为疑似高致病性病原体，应在相应生物安全级别的实验室开展工作。本表未列出之病毒和实验活动，由各单位的生物安全委员会负责危害程度评估，确定相应的生物安全防护级别。如涉及高致病性病毒及其相关实验的应经国家病原微生物实验室生物安全专家委员会论证。"

WS 233—2017《病原微生物实验室生物安全通用准则》在第 5 部分"风险评估与风险控制"中指出："实验室应建立并维持风险评估和风险控制制度，应明确实验室持续进行风险识别、风险评估和风险控制的具体要求。"第 5.2 条要求，风险识别应从涉及致病性生物因子、遗传修饰生物体的实验活动，涉及致病性生物因子的动物饲养与实验活动，以及感染性废物处置、安全管理、相关人员、设施设备、安保制度和安保措施等多个方面进行；第 5.3 条要求风险评估应以国家法律、法规、标准、规范，以及权威机构发布的指南、数据等为依据，对已识别的风险进行分析，形成风险评估报告。

10.2 场所与设施

10.2.1 实验室安全防范设施达到相应生物安全实验室要求，各区域分布合理、气压正常

（185）实验室须设门禁管理和准入制度，储存病原微生物的场所或储柜配备防盗设施，BSL-3/ABSL-3 及以上安全等级实验室须安装监控报警装置。

WS 233—2017《病原微生物实验室生物安全通用准则》关于实验室设计原则和基本要求的第 6.1.11 条指出:"实验室应根据房间或实验间在用、停用、消毒、维护等不同状态时的需要,采取适当的警示和进入限制措施,如警示牌、警示灯、警示线、门禁等。"第 7.2.3 条指出:"建立工作人员准入及上岗考核制度,所有与实验活动相关的人员均应经过培训,经考核合格后取得相应的上岗资质;动物实验人员应持有有效实验动物上岗证及所从事动物实验操作专业培训证明。"以上两条对开展病原微生物实验室的门禁管理和准入制度做出了规定。

WS 233—2017《病原微生物实验室生物安全通用准则》第 7.3.4 条指出:"保存区域应有消防、防盗、监控、报警、通风和温湿度监测与控制等设施;保存设备应有防盗和温度监测与控制措施。高致病性病原微生物菌(毒)种及感染性样本的保存应实行双人双锁。"这里对储存病原微生物的场所或储柜配备防盗性能做出了规定。

WS 233—2017《病原微生物实验室生物安全通用准则》第 6.4.9 条针对 BSL-3 等级实验室的自控、监视与报警系统做出了详细要求:

6.4.9.11 实验室自控系统报警应分为一般报警和紧急报警。一般报警为过滤器阻力的增大、温湿度偏离正常值等,暂时不影响安全,实验活动可持续进行的报警;紧急报警指实验室出现正压、压力梯度持续丧失、风机切换失败、停电、火灾等,对安全有影响,应终止实验活动的报警。一般报警应为显示报警,紧急报警应为声光报警和显示报警,可以向实验室内外人员同时显示紧急警报,应在核心工作间内设置紧急报警按钮。

6.4.9.13 实验室应设电视监控,在关键部位设置摄像机,可实时监视并录制实验室活动情况和实验室周围情况。监视设备应有足够的分辨率和影像存储容量。

10.2.2 配有符合相应要求的生物安全设施

(186)BSL-2 以上安全等级实验室须配有Ⅱ级生物安全柜,ABSL-2 适用时配备,并定期进行检测,B 型生物安全柜须有正常通风系统。

WS 233—2017《病原微生物实验室生物安全通用准则》第 6.3 条要求普通型 BSL-2 实验室:"应在操作病原微生物及样本的实验区内配备二级生物安全柜;应按产品的设计、使用说明书要求安装和使用生物安全柜;如果使用管道排风的生物安全柜,应通过独立于建筑物的其他公共通风系统的管道排出。"

医药行业标准 YY 0569—2011《Ⅱ级生物安全柜》及将于 2025 年 11 月 1 日实施的 GB 41918—2022《生物安全柜》都对各级生物安全柜的技术指标做了详细要求。

B 型生物安全柜必须安装外接风机类型,常用于涉及挥发性有毒化学品和以放射性核素为辅助剂的微生物实验,只有通风系统正常运行才能保证安全柜发挥正常的功能,如果发生外界排风故障,其危险性可想而知。

(187)病原微生物实验室应有可靠和充足的电力供应,配备适用的消防器材、洗眼装置和必要的应急喷淋。

WS 233—2017《病原微生物实验室生物安全通用准则》中规定:

6.2.12 要求 BSL-1 实验室:涉及刺激性或腐蚀性物质的操作,应在 30 m 内设洗眼装置,风险较大时应设紧急喷淋装置;

6.2.16 要求 BSL-1 实验室:应有可靠和足够的电力供应,确保用电安全;

6.2.21 要求 BSL-1 实验室:应配备适用的应急器材,如消防器材、意外事故处理器材、急救器材等;

6.3.1.5 要求 BSL-2 实验室:应在实验室工作区配备洗眼装置,必要时,应在每个工作间配备洗眼装置。

高等级生物安全实验室同时须满足其下一安全等级实验室的要求。

(188)已设传递窗的实验室要保证传递窗功能正常,内部不存放物品;室外排风口应有防风、防雨、防鼠、防虫设计,但不影响气体向上空排放。相关实验室采取有效措施防止昆虫、啮齿动物进入或逃逸,如安装防虫纱窗、挡鼠板等。

WS 233—2017《病原微生物实验室生物安全通用准则》中规定:

6.4.2.5 要求 BSL-3 实验室:可根据需要安装传递窗。如果安装传递窗,其结构承压力及密闭性应符合所在区域的要求,以保证围护结构的完整性,并应具备对传递窗内物品表面进行消毒的条件。

6.5.3.4 要求 BSL-4 实验室:可根据需要安装传递窗。如果安装传递窗,其结构承压力及密闭性应符合所在区域的要求;需要时,应配备符合气锁要求并具备消毒条件的传递窗。

6.6.2.11 和 6.4.4.7 要求 ABSL-2 实验室和 BSL-3 实验室:实验室防护区室外排风口应设置在主导风的下风向,与新风口的直线距离应大于 12 m,并应高于所在建筑的屋面 2 m 以上,应有防风、防雨、防鼠、防虫设计,但不影响气体向上空排放。

GB 19489—2008《实验室　生物安全通用要求》的"附录 B　生物安全实验室良好实验行为指南 B2.20"指出:"采取有效的防止昆虫、啮齿动物的措施,如安装防虫纱窗、挡鼠板等。"

(189) 生物安全实验室配有压力蒸汽灭菌器,按规定要求监测灭菌效果。

WS 233—2017《病原微生物实验室生物安全通用准则》中规定:

6.3.1.4　要求 BSL-2 实验室:应在实验室或其所在的建筑内配备压力蒸汽灭菌器或其他适当的消毒、灭菌设备,所配备的消毒、灭菌设备应以风险评估为依据。

7.7.2　对消毒和灭菌的要求:实验室根据菌(毒)种、生物样本及其他感染性材料和污染物,可选用压力蒸汽灭菌方法或有效的化学消毒剂处理。实验室按规定要求做好消毒与灭菌效果监测。

灭菌效果监测可以定期进行,很多实验室在每次灭菌同时监测灭菌效果。

10.2.3　场所消毒要保证人员安全

(190) 使用紫外灯的生物安全实验室应设安全警示标志,尤其要对紫外灯开关张贴警示标识。

GB 19489—2008《实验室生物安全通用要求》规定,生物安全实验室可以安装紫外灯进行消毒。使用紫外灯的生物安全实验室应设安全警示标志,以防止误操作紫外灯对进入实验室的人员造成紫外线暴露伤害。

GB 19489—2008《实验室生物安全通用要求》第 7.4.7.1 条指出:"实验室用于标示危险区、警示、指示、证明等的图文标识是管理体系文件的一部分,包括用于特殊情况下的临时标识,如'污染''消毒中''设备检修'等。"

WS 233—2017《病原微生物实验室生物安全通用准则》第 6.1.11 条规定:"实验室应根据房间或实验间在用、停用、消毒、维护等不同状态时的需要,采取适当的警示和进入限制措施,如警示牌、警示灯、警示线、门禁等。"

(191) 使用紫外灯的生物安全实验室在消毒过程中禁止人员进入。采用紫外加臭氧方式消毒应在消毒时间结束后有一定的排风时间,臭氧消散后人员方可进入。

GB 28232—2020《臭氧消毒器卫生要求》规定:"空气消毒的臭氧质量浓度:5～30 mg/m³,相对湿度≥70%,作用时间30～120 min;物体表面消毒:臭氧质量浓度应≥60 mg/m³,相对湿度≥70%,作用时间60～120 min。"

GB 28235—2020《紫外线消毒器卫生要求》中规定的紫外线强度为:

4.1.1.2 紫外线强度

双端和单端紫外线灯的初始紫外线强度分别应不低于表1、表2中规定值的93%,其他紫外线灯强度应符合相关标准要求。

表 1 双端紫外线灯的初始紫外线强度规定值

标称功率/W	4	6	8	13	15	18	30	36	60	75	100	150	250	320	400	550	750	1000
紫外线强度/($\mu W/cm^2$)	9	15	22	35	50	62	100	135	190	250	305	400	650	720	900	1150	1300	1730

表 2 单端紫外线灯的初始紫外线强度规定值

标称功率/W	5	7	9	11	18	24	36	55	75	95	150
紫外线强度/($\mu W/cm^2$)	9	16	22	33	51	65	110	150	170	304	400

GBZ 2.1—2019《工作场所有害因素职业接触限值 第1部分:化学有害因素》的表1中序号35为臭氧,其最高容许质量浓度限值为0.3 mg/m³。也就是说,紫外臭氧消毒产生的有毒有害气体浓度远超过人体的最大允许浓度。GBZ 2.2—2007《工作场所有害因素职业接触限值 第2部分:物理因素》的表7给出了工作场所紫外辐射职业接触限值:

表 7 工作场所紫外辐射职业接触限值

紫外光谱分类	8 h 职业接触限值	
	辐照度/($\mu W/cm^2$)	照射量/(mJ/cm^2)
中波紫外线(280 nm≤λ<315 nm)	0.26	3.7
短波紫外线(100 nm≤λ<280 nm)	0.13	1.8
电焊弧光	0.24	3.5

从以上四个国家标准中的参数可以看出,消毒所用的紫外光强度和臭氧浓度和接触限值完全不是一个数量级,因此消毒过程中必须禁止人员进入,采用紫外加臭氧方式消毒时,应在消毒结束有一定的排风时间,臭氧消散后人员方可进入,以免对进入的人员造成伤害。

10.3 病原微生物的获取与保管

10.3.1 使用高致病性病原微生物菌(毒)种，须办理相应申请和报批手续

高致病性病原微生物菌(毒)种或样本是指《人间传染的病原微生物名录》中规定的第一类、第二类病原微生物菌(毒)种或样本。一般属于生物安全三、四级实验室的操作范围。

(192) 从正规渠道获取病原微生物菌(毒)株，学校应有审批流程。

WS 233—2017《病原微生物实验室生物安全通用准则》第 7.3.1 条指出："实验室菌(毒)种及感染性样本的保存、使用管理，应依据国家生物安全的有关法规，制定选择、购买、采集、包装、运输、转运、接收、查验、使用、处置和保藏的政策和程序。"

有资质的单位是指符合《人间传染的病原微生物菌(毒)种保藏机构管理办法》《动物病原微生物菌(毒)种保藏管理办法》中的规定，符合 WS 315—2010《人间传染的病原微生物菌(毒)种保藏机构设置技术规范》等规章和规范的菌(毒)种保藏单位。

《人间传染的病原微生物菌(毒)种保藏机构管理办法》中规定：

第二十条　申请使用菌(毒)种或样本的实验室，应当向保藏机构提供从事病原微生物相关实验活动的批准或证明文件。保藏机构应当核查登记后无偿提供菌(毒)种或样本。非保藏机构实验室在从事病原微生物相关实验活动结束后，应当在 6 个月内将菌(毒)种或样本就地销毁或者送交保藏机构保藏。医疗卫生、出入境检验检疫、教学和科研机构按规定从事临床诊疗、疾病控制、检疫检验、教学和科研等工作，在确保安全的基础上，可以保管其工作中经常使用的菌(毒)种或样本，其保管的菌(毒)种或样本名单应当报当地卫生行政部门备案。但涉及高致病性病原微生物及行政部门有特殊管理规定的菌(毒)种除外。

第二十一条　实验室从事实验活动，使用涉及本办法第十一条规定的菌(毒)种或样本，应当经卫生部(2023 年更名为国家卫健委)批准；使用其他高致病性菌(毒)种或样本，应当经省级人民政府卫生行政部门批准；使用第三、四类菌(毒)种

或样本，应当经实验室所在法人机构批准。

学校应有审批流程，审批本单位使用第三、四类菌（毒）种的申请，审核向上级部门申请使用高致病菌（毒）种的材料并协助办理手续。

（193）转移和运输高致病病原微生物须按规定报卫生和农业主管部门批准，并按相应的运输包装要求包装后转移和运输。

WS 233—2017《病原微生物实验室生物安全通用准则》第 7.9 条对实验室感染性物质的运输给出了详细指导，要求："实验室应制定感染性及潜在感染性物质运输的规定和程序，包括在实验室内传递、实验室所在机构内部转运及机构外部的运输，应符合国家和国际规定的要求。感染性物质的国际运输还应依据并遵守国家出入境的相关规定。"

《病原微生物实验室生物安全管理条例》第十一条对运输高致病性病原微生物菌（毒）种或者样本做出规定："应当经省级以上人民政府卫生主管部门或者兽医主管部门批准。在省、自治区、直辖市行政区域内运输的，由省、自治区、直辖市人民政府卫生主管部门或者兽医主管部门批准；需要跨省、自治区、直辖市运输或者运往国外的，由出发地的省、自治区、直辖市人民政府卫生主管部门或者兽医主管部门进行初审后，分别报国务院卫生主管部门或者兽医主管部门批准。出入境检验检疫机构在检验检疫过程中需要运输病原微生物样本的，由国务院出入境检验检疫部门批准，并同时向国务院卫生主管部门或者兽医主管部门通报。通过民用航空运输高致病性病原微生物菌（毒）种或者样本的，还应当经国务院民用航空主管部门批准。"

运输高致病性病原微生物菌（毒）株或样本的具体要求参见《可感染人类的高致病性病原微生物菌（毒）种或样本运输管理规定》《高致病性动物病原微生物菌（毒）种或者样本运输包装规范》中的相关条款。

10.3.2　高致病性病原微生物菌（毒）种应妥善保存和严格管理

（194）病原微生物菌（毒）种保存在带锁的冰箱或柜子中，高致病性病原微生物实行双人双锁管理。有病原微生物菌（毒）种保存、实验使用、销毁的记录。

WS 233—2017《病原微生物实验室生物安全通用准则》第 7.3 条关于菌（毒）种及感染性样本的管理规定：

7.3.3 实验室应具备菌(毒)种及感染性样本适宜的保存区域和设备。

7.3.4 保存区域应有消防、防盗、监控、报警、通风和温湿度监测与控制等设施;保存设备应有防盗和温度监测与控制措施。高致病性病原微生物菌(毒)种及感染性样本的保存应实行双人双锁。

7.3.8 菌(毒)种及感染性样本在使用过程中应有专人负责,入库、出库及销毁应记录并存档。

10.4 人员管理

10.4.1 开展病原微生物相关实验和研究的人员应经过专业培训

(195)人员经考核合格,并取得证书。

WS 233—2017《病原微生物实验室生物安全管理条例》第三十四条规定:"实验室或者实验室的设立单位应当每年定期对工作人员进行培训,保证其掌握实验室技术规范、操作规程、生物安全防护知识和实际操作技能,并进行考核。工作人员经考核合格的,方可上岗。从事高致病性病原微生物相关实验活动的实验室,应当每半年将培训、考核其工作人员的情况和实验室运行情况向省、自治区、直辖市人民政府卫生主管部门或者兽医主管部门报告。"

《病原微生物实验室生物安全通用准则》中关于培训与考核的规定:

7.1.4 实验室生物安全管理责任部门负责组织制定和修订实验室生物安全管理体系文件;对实验项目进行审查和风险控制措施评估;负责实验室工作人员的健康监测管理;组织生物安全培训与考核,并评估培训效果;监督生物安全管理体系的运行落实。

7.2.3 建立工作人员准入及上岗考核制度,所有与实验活动相关的人员均应经过培训,经考核合格后取得相应的上岗资质;动物实验人员应持有有效实验动物上岗证及所从事动物实验操作的专业培训证明。

7.2.5 从事高致病性病原微生物实验活动的人员应每半年进行一次培训,并记录培训及考核情况。

7.2.10 应建立实验室人员(包括实验、管理和维保人员)的技术档案、健康档案和培训档案,定期评估实验室人员承担相应工作任务的能力;临时参与实验活动的外单位人员应有相应的记录。

10.4.2 为从事高致病性病原微生物的工作人员提供适宜的医学评估

(196) 实施监测和治疗方案,并妥善保存相应的医学记录。有上岗前体检和离岗体检,长期工作有定期体检。

WS 233—2017《病原微生物实验室生物安全通用准则》中对实验人员健康的规定:

7.2.8 实验室设立单位应该与具备感染科的综合医院建立合作机制,定期组织工作人员去医院体检,并进行健康评估,必要时,应进行预防接种。

7.2.11 实验室人员的健康档案应包括但不限于:a)岗位风险说明及知情同意书(必要时);b)本底血清样本或特定病原的免疫功能相关记录;c)预防免疫记录(适用时);d)健康体检报告;e)职业感染和职业禁忌症等资料;f)与实验室安全相关的意外事件、事故报告等。

《病原微生物实验室生物安全管理条例》第三十五条对从事高致病性病原微生物实验活动的实验人员的健康监测规定:"从事高致病性病原微生物相关实验活动的实验室,还应当对实验室工作人员进行健康监测,每年组织其进行体检,并建立健康档案;必要时,应当对实验室工作人员进行预防接种。实验室个人健康档案翔实,如有健康体检(不涉及隐私信息)、疫苗接种、病假管理等记录;适时开展抗原或抗体检测并保留相关记录;需要时保留个人本底血清,并保留相关记录。"

10.4.3 制定相应的人员准入制度

(197) 外来人员进入生物安全实验室须经负责人批准,并有相关的教育培训、安全防控措施。出现感冒发热等症状时,不得进行病原微生物实验。

WS 233—2017《病原微生物实验室生物安全通用准则》中的 7.2 部分对人员管理方面给出了详细规定,其中第 7.2.7 条指出:"实验室工作人员应在身体状况良好的情况下进入实验区工作。若出现疾病、疲劳或其他不宜进行实验活动的情况,不应进入实验区。"实验人员如有身体不适,不得进行病原微生物实验,以免将自身已有的疾病和病原微生物感染混淆,贻误病情。

在 WS 233—2017《病原微生物实验室生物安全通用准则》附表 A 的人员管理中,"对外来实验人员安全管理及提供的保护措施"是一项必需的风险评估指标。

面对实验室生物安全风险,所有人员是一样的,外来人员管理往往容易产生漏洞。将所有来访者清晰分类,对其进入应严格审核、管理和服务,包括来访目的、健康评估、审核批准、进入登记(外来人员审核登记表应记录其单位、姓名、性别、年龄、学历、职称、工作时限、陪同人、审核人等信息)、个体防护、培训考核等,外来人员应接受监督,能够胜任工作,按照实验室管理要求履行职责,必要时评价其行为及能力表现。

10.5 操作与管理

10.5.1 制定并采用生物安全手册,有相关标准操作规范

(198) 有从事病原微生物相关实验活动的标准操作规范。

《病原微生物实验室生物安全管理条例》第三十二条规定:"实验室从事实验活动应当严格遵守有关国家标准和实验室技术规范、操作规程。实验室负责人应当指定专人监督检查实验室技术规范和操作规程的落实情况。"第三十四条规定:"实验室或者实验室的设立单位应当每年定期对工作人员进行培训,保证其掌握实验室技术规范、操作规程、生物安全防护知识和实际操作技能,并进行考核。工作人员经考核合格的,方可上岗。"

WS 233—2017《病原微生物实验室生物安全通用准则》第 7.5.10 条规定:"实验活动应当严格按照实验室技术规范、操作规程进行。实验室负责人应当指定专人监督检查实验活动。"

10.5.2 开展相关实验活动的风险评估和制定相应的应急预案

(199) 开展病原微生物的相关实验活动应有风险评估和应急预案,包括病原微生物及感染材料溢洒和意外事故的书面处置程序。

WS 233—2017《病原微生物实验室生物安全通用准则》的第 5 部分"风险评估与风险控制"中对风险识别、风险评估和风险控制提出了具体要求,详见该准则

的附录 A。

WS 233—2017《病原微生物实验室生物安全通用准则》第 7.10 条对生物安全实验室应急预案和意外事故的处置方面给出了 11 条详细要求：

7.10.1 实验室应制定应急预案和意外事故的处置程序，包括生物性、化学性、物理性、放射性等意外事故，以及火灾、水灾、冰冻、地震或人为破坏等突发紧急情况等。

7.10.2 应急预案应至少包括组织机构、应急原则、人员职责、应急通信、个体防护、应对程序、应急设备、撤离计划和路线、污染源隔离和消毒、人员隔离和救治、现场隔离和控制、风险沟通等内容。

7.10.3 在制定的应急预案中应包括消防人员和其他紧急救助人员。在发生自然灾害时，应向救助人员告知实验室建筑内和/或附近建筑物的潜在风险，只有在受过训练的实验室工作人员的陪同下，其他人员才能进入相关区域。

7.10.4 应急预案应得到实验室设立单位管理层批准。实验室负责人应定期组织对预案进行评审和更新。

7.10.5 从事高致病性病原微生物相关实验活动的实验室制定的实验室感染应急预案应向所在地的省、自治区、直辖市卫生主管部门备案。

7.10.6 实验室应对所有人员进行培训，确保人员熟悉应急预案。每年应至少组织所有实验室人员进行一次演练。

7.10.7 实验室应根据相关法规建立实验室事故报告制度。

7.10.8 实验室发生意外事故时，工作人员应按照应急预案迅速采取控制措施，同时应按制度及时报告，任何人员不得瞒报。

7.10.9 事故现场紧急处理后，应及时记录事故发生过程和现场处置情况。

7.10.10 实验室负责人应及时对事故做出危害评估并提出下一步对策。对事故经过和事故原因、责任进行调查分析，形成书面报告。报告应包括事故的详细描述、原因分析、影响范围、预防类似事件发生的建议及改进措施。所有事故报告应形成档案文件并存档。

7.10.11 事故报告应经所在机构管理层、生物安全委员会评估。

GB 19489—2008《实验室 生物安全通用要求》的"附录 C 实验室生物危险物质溢洒处理指南"，可供实验室编制溢洒应急预案时参考。

10.5.3　实验操作合规，安全防护措施合理

（200）在合适的生物安全柜中进行实验操作，不得在超净工作台中进行病原微生物实验。

超净工作台由于其自身的构造特点，只在实验物品区域形成洁净区域，气流通过实验物品吹向操作者，不能保护实验人员，所以操作病原微生物不得使用超净工作台。

病原微生物实验室一般不应配置超净工作台。

医药行业标准 YY 0569—2011《Ⅱ级生物安全柜》及将于 2025 年 11 月 1 日实施的 GB 41918—2022《生物安全柜》中都对各级生物安全柜的技术指标有详细要求。生物安全柜分Ⅰ、Ⅱ、Ⅲ三个级别，其中Ⅱ级生物安全柜还分 A1、A2、B1、B2 四种类型，市场上常见的是 A2、B2 型。

（201）安全操作高速离心机，小心防止离心管破损或盖子破裂造成溢洒或气溶胶扩散。

GB 19489—2008《实验室　生物安全通用要求》的"附录 B　生物安全实验室良好工作行为指南"中详细列出了良好工作行为要求，可用于帮助实验室制定专用的良好操作规程。其中第 B.2.12 条指出："按规程小心操作，如离心、研磨、振荡、匀浆、超声、接种、冷冻干燥等。"

（202）有合适的个体防护措施，禁止戴防护手套操作相关实验以外的设施设备。

GB 19489—2008《实验室　生物安全通用要求》在"附录 B　生物安全实验室良好工作行为指南"中对个体防护装备做了详细要求：

B.2.5　正确使用适当的个体防护装备，如手套、护目镜、防护服、口罩、帽子、鞋等。个体防护装备在工作中被污染时，要更换后才能继续工作。

B.2.6　戴手套工作。每当手套被污染、破损或戴一定时间后，应更换；每当操作危险性材料的工作结束时，应除去手套并洗手；离开实验间前，除去手套并洗手。严格遵守洗手的规程。不要清洗或重复使用一次性手套。

戴防护手套离开操作区，操作洁净区的仪器按钮、门把手、电梯按钮等，都是常见的不规范行为，应该杜绝。

10.6 实验动物安全

10.6.1 实验动物的购买、饲养、解剖等须符合相关规定

(203) 饲养实验动物的场所应有资质证书，实验动物须从具有资质的单位购买，有合格证明，用于解剖的实验动物须经过检验检疫合格。

饲养实验动物实施许可证制度，其依据是国科发财字〔2001〕545号《实验动物许可证管理办法(试行)》。科技部修订《实验动物管理条例》(征求意见稿2021年8月3日)，对实验动物的生产许可和使用许可做了更详细的规定，但该条例尚未正式发布。各省市多有本地的《实验动物许可证管理办法》，例如，北京市科学技术委员会颁布的京科发〔2020〕12号《北京市实验动物许可证管理办法(修订版)》。

饲养动物的场所应有实验动物生产许可证，使用动物应有实验动物使用许可证，动物供应部门提供实验动物质量合格证明，用于解剖的实验动物必须经过检验检疫部门检疫，取得动物检疫合格证明。

2010年，国内某大学动物医学学院有关教师未按国家及黑龙江省实验动物管理规定，购入未经检疫的4只山羊进行实验，最终导致27名学生及1名教师陆续确诊感染布病。这就是一起典型的使用不合格动物造成的生物安全事故。

(204) 解剖实验动物时，必须做好个人安全防护。

WS 233—2017《病原微生物实验室生物安全通用准则》第6.6.1.16条指出："实验室应具备常用个人防护物品，如防动物面罩等；动物解剖等特殊防护用品，如防切割手套等。"

解剖实验的个体防护分为两个方面：一是实验室如涉及病原微生物须做防感染的个体防护；二是防止利器的物理伤害。

(205) 定期组织健康检查。

科技部《实验动物管理条例》(征求意见稿2021年8月3日)第二十六条规定："实验动物工作单位对直接接触实验动物的工作人员，必须定期组织体格检查。对患有传染性疾病，不宜承担所做工作的人员，应当及时调换工作。"

10.6.2 动物实验按相关规定进行伦理审查，保障动物权益

(206) 学校有伦理审查机构，查看伦理审查记录。

科技部《关于善待实验动物的指导性意见》第五条规定:"实验动物生产单位及使用单位应设立实验动物管理委员会(或实验动物道德委员会、实验动物伦理委员会等)。其主要任务是保证本单位实验动物设施、环境符合善待实验动物的要求,实验动物从业人员得到必要的培训和学习,动物实验实施方案设计合理,规章制度齐全并能有效实施,并协调本单位实验动物的应用者之间尽可能合理地使用动物以减少实验动物的使用数量。"

实验动物的伦理审查依照 GB/T 35892—2018《实验动物 福利伦理审查指南》执行。

10.7 生物实验废物处置

医疗废物属于危险废物,在《国家危险废物名录》中医疗废物的类别为 HW01,其处理处置须遵守《中华人民共和国固体废物污染环境防治法》《中华人民共和国传染病防治法》《医疗废物管理条例》等法律法规。

《医疗废物分类目录(2021 年版)》中规定:"病原微生物实验室废弃的病原体培养基、标本,菌种和毒种保存液及其容器,应在产生地点进行压力蒸汽灭菌或者使用其他方式消毒,然后按感染性废物收集处理。"生物实验室产生的涉及病原微生物的废物一律属于医疗废物,须遵守《医疗废物管理条例》中的相关条款。

下面给出医疗废物分类目录:

类别	特征	常见组分或废物名称	收集方式
感染性废物	携带病原微生物,具有引发感染性疾病传播危险的医疗废物	1. 被患者血液、体液、排泄物等污染的除锐器以外的废物; 2. 使用后废弃的一次性医疗器械,如注射器、输液器、透析器等; 3. 病原微生物实验室废弃的病原体培养基、标本,菌种和毒种保存液及其容器;其他实验室及科室废弃的血液、血清、分泌物等标本和容器; 4. 隔离传染病患者或者疑似传染病患者产生的废弃物。	1. 收集于符合《医疗废物专用包装袋、容器和警示标志标准》(HJ 421)的医疗废物包装袋中; 2. 病原微生物实验室废弃的病原体培养基、标本,菌种和毒种保存液及其容器,应在产生地点进行压力蒸汽灭菌或者使用其他方式消毒,然后按感染性废物收集处理; 3. 隔离传染病患者或者疑似传染病患者产生的医疗废物应当使用双层医疗废物包装袋盛装。

续表

类别	特征	常见组分或废物名称	收集方式
损伤性废物	能够刺伤或者割伤人体的废弃的医用锐器	1. 废弃的金属类锐器，如针头、缝合针、针灸针、探针、穿刺针、解剖刀、手术刀、手术锯、备皮刀、钢钉和导丝等； 2. 废弃的玻璃类锐器，如盖玻片、载玻片、玻璃安瓿等； 3. 废弃的其他材质类锐器。	1. 收集于符合《医疗废物专用包装袋、容器和警示标志标准》（HJ 421）的利器盒中； 2. 利器盒容量达到 3/4 时，应当封闭严密，按流程运送、贮存。
病理性废物	诊疗过程中产生的人体废弃物和医学实验动物尸体等	1. 手术及其他医学服务过程中产生的废弃的人体组织、器官； 2. 病理切片后废弃的人体组织、病理蜡块； 3. 废弃的医学实验动物的组织和尸体； 4. 16 周胎龄以下或重量不足 500 g 的胚胎组织等； 5. 确诊、疑似传染病或携带传染病病原体的产妇的胎盘。	1. 收集于符合《医疗废物专用包装袋、容器和警示标志标准》（HJ 421）的医疗废物包装袋中； 2. 确诊、疑似传染病的产妇或携带传染病病原体的产妇的胎盘应使用双层医疗废物包装袋盛装； 3. 可进行防腐或者低温保存。
药物性废物	过期、淘汰、变质或者被污染的废弃的药物	1. 废弃的一般性药物； 2. 废弃的细胞毒性药物和遗传毒性药物； 3. 废弃的疫苗及血液制品。	1. 少量的药物性废物可以并入感染性废物中，但应在标签中注明； 2. 批量废弃的药物性废物收集后应交由具备相应资质的医疗废物处置单位或者危险废物处置单位等进行处置。
化学性废物	具有毒性、腐蚀性、易燃性、反应性的废弃的化学物品	列入《国家危险废物名录》中的废弃危险化学品，如甲醛、二甲苯等；非特定行业来源的危险废物，如含汞血压计、含汞体温计，废弃的牙科汞合金材料及其残余物等。	1. 收集于容器中，粘贴标签并注明主要成分； 2. 收集后应交由具备相应资质的医疗废物处置单位或者危险废物处置单位等进行处置。

107.1　生物废弃物的中转和处置规范

（207）学校与有资质的单位签约处置感染性废物，有交接记录，形成电子或者纸质台账。

《中华人民共和国固体废物污染环境防治法》第八十条规定："从事收集、贮存、利用、处置危险废物经营活动的单位，应当按照国家有关规定申请取得许可证。

许可证的具体管理办法由国务院制定。禁止无许可证或者未按照许可证规定从事危险废物收集、贮存、利用、处置的经营活动。禁止将危险废物提供或者委托给无许可证的单位或者其他生产经营者从事收集、贮存、利用、处置活动。"

《中华人民共和国固体废物污染环境防治法》第九十条规定："医疗卫生机构应当依法分类收集本单位产生的医疗废物，交由医疗废物集中处置单位处置。医疗废物集中处置单位应当及时收集、运输和处置医疗废物。医疗卫生机构和医疗废物集中处置单位，应当采取有效措施，防止医疗废物流失、泄漏、渗漏、扩散。"

（208）学校有生物废弃物中转站或收集点，生物废物及时收集转运。

《医疗废物管理条例》第十七条规定："医疗卫生机构应当建立医疗废物的暂时贮存设施、设备，不得露天存放医疗废物；医疗废物暂时贮存的时间不得超过2天。医疗废物的暂时贮存设施、设备，应当远离医疗区、食品加工区和人员活动区及生活垃圾存放场所，并设置明显的警示标识和防渗漏、防鼠、防蚊蝇、防蟑螂、防盗及预防儿童接触等安全措施。医疗废物的暂时贮存设施、设备应当定期消毒和清洁。"

107.2 生物废弃物与其他类别废物分开，并且做好防护和消杀

（209）生物废物应与化学废物、生活垃圾等分开贮存。

《中华人民共和国固体废物污染环境防治法》第八十一条规定："收集、贮存危险废物，应当按照危险废物特性分类进行。禁止混合收集、贮存、运输、处置性质不相容而未经安全性处置的危险废物。贮存危险废物应当采取符合国家环境保护标准的防护措施。禁止将危险废物混入非危险废物中贮存。"

《医疗废物管理条例》第十四条规定："禁止在运送过程中丢弃医疗废物；禁止在非贮存地点倾倒、堆放医疗废物或者将医疗废物混入其他废物和生活垃圾。"

（210）实验室内配备生物废物垃圾桶（内置生物废物专用塑料袋），并粘贴专用标签标识。

《中华人民共和国固体废物污染环境防治法》第七十七条规定："对危险废物的容器和包装物及收集、贮存、运输、利用、处置危险废物的设施、场所，应当按照规定设置危险废物识别标志。"

《医疗废物管理条例》第十六条规定:"医疗卫生机构应当及时收集本单位产生的医疗废物,并按照类别分置于防渗漏、防锐器穿透的专用包装物或者密闭的容器内。医疗废物专用包装物、容器,应当有明显的警示标识和警示说明。医疗废物专用包装物、容器的标准和警示标识的规定,由国务院卫生行政主管部门和环境保护行政主管部门共同制定。"

医疗废物应按照 HJ 421—2008《医疗废物专用包装袋、容器和警示标志标准》的要求设置医疗废物专用警示标志(图 10-1)。

图 10-1　医疗废物专用警示标志

(211)刀片、移液枪头等尖锐物应使用利器盒或耐扎纸板箱盛放,送储时再装入生物废物专用塑料袋,贴好标签。

GB 19489—2008《实验室　生物安全通用要求》第 7.19.8 条要求:"锐器(包括枕头、小刀、金属和玻璃等)应直接弃置于耐扎的容器内。"

有感染风险的锐器送储时再装入生物废物专用塑料袋,贴好标签。

(212)动物实验结束后,动物尸体及组织应做无害化处理,废物彻底灭菌后方可处置。

GB 14925—2010《实验动物　环境及设施》第 7.4 条要求:"动物尸体及组织应装入尸体袋中存放于尸体冷藏柜(间)或冰柜内,集中做无害化处理。感染动物实验的动物尸体及组织须经高压灭菌器灭菌后传出实验室做相应处理。"

科技部《实验动物管理条例》(征求意见稿 2021 年 8 月 3 日)第二十二条规定:"从事实验动物相关工作的单位和个人,应当对实验动物尸体、组织和其他废弃物进行无害化处理。禁止将使用后的实验动物流入市场,应全程可追溯。鉴于高校实验室的特点,参照本条意见,动物实验结束后,动物尸体及组织应做无害化处理,废物彻底灭菌后方可处置。"但该条例尚未正式发布。

（213）涉及病原微生物或其他细菌类的生物废物必须进行高温高压灭菌或化学浸泡处理，然后由有资质的公司进行最终处置。

《医疗废物管理条例》第十九条规定："医疗卫生机构应当根据就近集中处置的原则，及时将医疗废物交由医疗废物集中处置单位处置。医疗废物中病原体的培养基、标本和菌种、毒种保存液等高危险废物，在交医疗废物集中处置单位处置前应当就地消毒。"

（214）高致病性生物材料废物处置实现溯源追踪。

《医疗废物管理条例》第十二条规定："医疗卫生机构和医疗废物集中处置单位，应当对医疗废物进行登记，登记内容应当包括医疗废物的来源、种类、重量或者数量、交接时间、处置方法、最终去向及经办人签名等项目。登记资料至少保存3年。"高致病性生物材料废物更应严格管理，实现全流程可溯源追踪。

《病原微生物实验室生物安全通用准则》对实验废物的处置要求如下：

7.8.1　实验室废物处理和处置的管理应符合国家或地方法规和标准的要求。

7.8.2　实验室废物处置应由专人负责。

7.8.3　实验室废物的处置应符合《医疗废物管理条例》的规定。实验室废物的最终处置应交由经当地环保部门资质认定的医疗废物处理单位集中处置。

7.8.4　实验室废物的处置应有书面记录，并存档。

11 辐射安全与核材料管制

11.1 资质与人员要求

11.1.1 辐射工作单位须取得辐射安全许可证

《中华人民共和国放射性污染防治法》第二十八条规定:"生产、销售、使用放射性同位素和射线装置的单位,应当按照国务院有关放射性同位素与射线装置放射防护的规定申请领取许可证,办理登记手续。"

辐射安全许可证按照《放射性同位素与射线装置安全许可管理办法》的规定办理。

(215) 按规定在放射性核素种类和用量及射线种类许可范围内开展实验。除已被豁免管理外,射线装置、放射源或者非密封放射性物质应纳入许可证范畴。

辐射安全许可证已载明射线装置、放射源及非密封放射性物质的名称、数量、类别、使用场所,现场查看时应确认实际情况与许可证是否相符。

被豁免管理的放射源和射线装置应提供生态环境主管部门出具的豁免证明。

11.1.2 辐射工作人员须经过专门培训,定期参加职业体检

(216) 辐射工作人员具有辐射安全与防护培训合格证书,或者生态环境部辐射安全与防护考核通过成绩报告单。

《放射性同位素与射线装置安全和防护管理办法》中关于辐射工作人员培训及考核的规定:

第十七条 生产、销售、使用放射性同位素与射线装置的单位,应当按照环境保护部审定的辐射安全培训和考试大纲,对直接从事生产、销售、使用活动的操作人员及辐射防护负责人进行辐射安全培训,并进行考核;考核不合格的,不得上岗。

第二十一条　从事辐射安全培训的单位负责对参加辐射安全培训的人员进行考核,并对考核合格的人员颁发辐射安全培训合格证书。

根据生态环境部公告,自 2020 年 1 月 1 日起,新从事辐射活动的人员,以及原持有的辐射安全培训合格证书到期的人员,应当通过国家核技术利用辐射安全与防护培训平台学习并参加考核。现场应查看辐射工作人员考核通过成绩单,旧的辐射安全与防护培训合格证书有效期为 4 年。

(217)　辐射工作人员按时参加放射性职业体检(2 年 1 次),有健康档案。

《放射工作人员职业健康管理办法》中关于辐射工作人员岗前、在岗、岗后健康检查的具体规定如下:

第十八条　放射工作人员上岗前,应当进行上岗前的职业健康检查,符合放射工作人员健康标准的,方可参加相应的放射工作。

放射工作单位不得安排未经职业健康检查或者不符合放射工作人员职业健康标准的人员从事放射工作。

第十九条　放射工作单位应当组织上岗后的放射工作人员定期进行职业健康检查,两次检查的时间间隔不应超过 2 年,必要时可增加临时性检查。

第二十条　放射工作人员脱离放射工作岗位时,放射工作单位应当对其进行离岗前的职业健康检查。

GBZ 98—2020《放射工作人员健康要求及监护规范》第 5.1 条对职业健康监护要求做了详细的规定,读者可自行查阅。

《放射工作人员职业健康管理办法》第二十七条中关于辐射工作人员健康档案的规定:"放射工作单位应当为放射工作人员建立并终生保存职业健康监护档案。"

GBZ 98—2020《放射工作人员健康要求及监护规范》第 7 部分对放射工作人员职业健康监护档案管理做了详细的规定,读者可自行查阅。

(218)　辐射工作人员进入实验场所须佩戴个人剂量计,剂量计委托有资质的单位按时进行剂量监测(3 个月 1 次)。

《放射工作人员职业健康管理办法》中关于佩戴个人剂量计的规定如下:

第十三条　放射工作人员进入放射工作场所,应当遵守下列规定:

(一) 正确佩戴个人剂量计;

(二)操作结束离开非密封放射性物质工作场所时,按要求进行个人体表、衣物及防护用品的放射性表面污染监测,发现污染要及时处理,做好记录并存档;

(三)进入辐照装置、工业探伤、放射治疗等强辐射工作场所时,除佩戴常规个人剂量计外,还应当携带报警式剂量计。

《放射工作人员职业健康管理办法》中关于剂量检测单位及周期的规定:

第十四条 个人剂量监测工作应当由具备资质的个人剂量监测技术服务机构承担。个人剂量监测技术服务机构的资质审定由中国疾病预防控制中心协助卫生部组织实施。

第十一条 外照射个人剂量监测周期一般为30天,最长不应超过90天;内照射个人剂量监测周期按照有关标准执行。

查看个人剂量监测报告时,现场应查看辐射工作人员从事辐射工作期间是否佩戴个人剂量计。涉及中子射线的,还要佩戴中子个人剂量计。

11.1.3 核材料许可证持有单位须建立专职机构或指定专人负责保管核材料,执行国家法律法规要求。有账目与报告制度,保证账物相符

(219) 持有核材料数量达到法定要求的单位须取得核材料许可证,有负责机构或指定专人负责核材料管制工作,核材料衡算和核安保工作执行国家法律法规要求。

《中华人民共和国核材料管制条例》中关于许可证的规定:

第九条 持有核材料数量达到下列限额的单位必须申请核材料许可证(限额数据略)。累计调入或生产核材料数量小于限额者,可免予办理许可证,但必须向核工业部办理核材料登记手续。对不致危害国家和人民群众安全的少量的核材料制品可免予登记。

《核材料管制条例实施细则》中关于必须设立负责机构或指定专人管理的规定:

第六条 核材料许可证持有单位必须设立负责机构或指定专人负责贯彻执行条例和实施细则。其具体职责是:

（一）制定本单位核材料衡算管理和实物保护的规章制度并负责实施；

（二）按规定上报核材料的转让、定期盘存和账务衡算报告；

（三）对核材料账务衡算管理人员和实物保护人员进行业务培训及考核。

关于核材料衡算的规定：

《中华人民共和国核材料管制条例》第十一条规定："许可证持有单位必须建立核材料衡算制度和分析测量系统，应用批准的分析测量方法和标准，达到规定的衡算误差要求，保持核材料收支平衡。"

《核材料管制条例实施细则》第二十条规定："许可证持有单位，根据各自的特点，把核设施划分成材料平衡区，按核材料分类进行衡算，每个平衡区要有完整的账目，实行独立的材料衡算。"

关于固定场所核材料保护的规定：

《中华人民共和国核材料管制条例》第十二条规定："许可证持有单位应当在当地公安部门的指导下，对生产、使用、贮存和处置核材料的场所，建立严格的安全保卫制度，采用可靠的安全防范措施，严防盗窃破坏、火灾等事故的发生。"

《核材料管制条例实施细则》第二十五条规定："根据核材料的质量、数量及危害性程度，划分为三个保护等级，实行分级管理。保护等级以下的核材料也应严格管理。"

《核材料管制条例实施细则》第二十六条规定：

（一）接触核材料的人员必须经过审查，不适宜的人员要及时调整；

（二）建立核材料实物保护制度、定期检查措施的落实情况，消除隐患，堵塞漏洞，确保安全；

（三）建立专职或义务消防组织，制定防火制度，配备相应的装备器材，完善灭火措施；

（四）核材料实物保护措施应报当地公安部门并与其商定紧急情况处置方案。

关于报告制度的规定：

《中华人民共和国核材料管制条例》第十一条规定："核材料许可证持有单位必须建立专职机构或指定专人负责保管核材料，严格交接手续，建立账目与报告制度，保证账物相符。"

《核材料管制条例实施细则》第二十二条规定：

许可证持有单位应建立原始记录与报告制度，其基本要求是：

（一）核材料账目的原始记录要求清楚、正确、系统和完整，至少保存5年；

（二）账目管理要系统、准确、及时，各单位按其特点，建立统计记录格式、统计程序和内部审计制度，要有专职的核材料统计人员具体负责统计工作；

（三）许可证持有单位按照本实施细则第四条之（三）的规定，向办公室提交核材料账目与衡算报告。

11.2 场所设施与采购运输

11.2.1 辐射设施和场所应设有警示、联锁和报警装置

（220）放射源储存库应设双人双锁，并有安全报警系统和视频监控系统。

GA 1002—2012《剧毒化学品、放射源存放场所治安防范要求》中技术防范级别与存放场所（部位）风险等级相对应，如第5.3.3条规定，三级技术防范应符合以下要求：

库房出入口应设置入侵报警装置和视频监控装置，监视及回放图像应能清楚辨别进出人员的体貌特征；存放场所（部位）应设置入侵报警装置和视频监控装置，监视及回放图像应能清晰显示人员的活动状况；保卫值班室应配备通信工具并保持24 h畅通，安装紧急报警装置，出现紧急情况时能人工触发报警；应设置监控中心，可设在保卫值班室内，监控中心应配备通信工具，安装紧急报警装置和监控中心设备，出现紧急情况时能人工触发报警，监视及回放图像应能清楚辨别人员的体貌特征。

《关于加强放射性同位素与射线装置辐射安全和防护工作的通知》中对加强放射源暂存场所及工作场所的安全保卫工作做了规定：

第二条　定期检查，防止放射源丢失、被盗。存有可移动Ⅰ、Ⅱ、Ⅲ类放射源的库房应安排专人24 h值守或监控。放射性同位素应单独存放，不得与易燃、易爆、腐蚀性物品等一起存放，并指定专人保管。贮存、领取、使用、归还放射性同位素时，应当进行登记、检查，做到账物相符。放射性同位素贮存场所应当双人双锁，并采取防火、防水、防盗、防丢失、防破坏、防射线泄漏等安全措施。

（221）辐照设施设备和射线装置具有能正常工作的安全联锁装置和报警装置，有明显的安全警示标识、警戒线和剂量报警仪。

《中华人民共和国放射性污染防治法》第十六条规定："放射性物质和射线装置应当设置明显的放射性标识和中文警示说明。生产、销售、使用、贮存、处置放射性物质和射线装置的场所，以及运输放射性物质和含放射源的射线装置的工具，应当设置明显的放射性标志。"

《放射性同位素与射线装置安全和防护条例》第三十四条规定："生产、销售、使用、贮存放射性同位素和射线装置的场所，应当按照国家有关规定设置明显的放射性标志，其入口处应当按照国家有关安全和防护标准的要求，设置安全和防护设施及必要的防护安全联锁、报警装置或者工作信号。射线装置的生产调试和使用场所，应当具有防止误操作、防止工作人员和公众受到意外照射的安全措施。"

图 11-1　放射性标志示例

放射性标志如图 11-1 所示。

关于射线装置的安全防护要求，多个标准中有详细的规定：GBZ 115—2002《X 射线衍射仪和荧光分析仪卫生防护标准》、HJ 979—2018《电子加速器辐照装置辐射安全和防护》、GB 5172—1985《粒子加速器辐射防护规定》、生态环境部环办标征函〔2022〕23 号《粒子加速器辐射安全与防护规定（征求意见稿）》，必要时可查阅原文。

11.2.2　辐射实验场所每年有合格的实验场所监测报告

（222）查看场所辐射环境监测报告。

《放射性同位素与射线装置安全和防护管理办法》第九条规定："生产、销售、使用放射性同位素与射线装置的单位，应当按照国家环境监测规范，对相关场所进行辐射监测，并对监测数据的真实性、可靠性负责；不具备自行监测能力的，可以委托经省级人民政府环境保护主管部门认定的环境监测机构进行监测。"第十二条规定："生产、销售、使用放射性同位素与射线装置的单位，应当对本单位的放射性同位素与射线装置的安全和防护状况进行年度评估，并于每年 1 月 31 日前向发证机关提交上一年度的评估报告。（五）场所辐射环境监测和个人剂量监测情况及监测数据。"

每年应对辐射场所开展环境监测，现场查看当年的《安全和防护状况年度评估报告》，以及当年的辐射场所监测报告。

11.2.3 放射性物质的转让、转移和运输应按规定报批

（223）放射源和放射性物质的转让、转移有学校及生态环境部门的审批备案材料，转让、转移前必须先做环境影响评价工作。

《中华人民共和国放射性污染防治法》第二十九条规定："生产、销售、使用放射性同位素和加速器、中子发生器及含放射源的射线装置的单位，应当在申请领取许可证前编制环境影响评价文件，报省、自治区、直辖市人民政府环境保护行政主管部门审查批准；未经批准，有关部门不得颁发许可证。"

《放射性同位素与射线装置安全和防护条例》第二十条规定："转让放射性同位素，由转入单位向其所在地省、自治区、直辖市人民政府环境保护主管部门提出申请。省、自治区、直辖市人民政府环境保护主管部门应当自受理申请之日起 15 个工作日内完成审查，符合条件的，予以批准；不符合条件的，书面通知申请单位并说明理由。"第二十一条规定："放射性同位素的转出、转入单位应当在转让活动完成之日起 20 日内，分别向其所在地省、自治区、直辖市人民政府环境保护主管部门备案。"

《放射性同位素与射线装置安全许可管理办法》第三十一条规定："转让放射性同位素的，转入单位应当在每次转让前报所在地省级环境保护主管部门审查批准。"第三十三条规定："转入、转出放射性同位素的单位应当在转让活动完成之日起 20 日内，分别将一份放射性同位素转让审批表报送各自所在地省级环境保护主管部门。"

《放射性同位素与射线装置安全许可管理办法》第七条规定："辐射工作单位在申请领取许可证前，应当组织编制或者填报环境影响评价文件，并依照国家规定程序报环境保护主管部门审批。环境影响评价文件中的环境影响报告书或者环境影响报告表，应当由具有相应环境影响评价资质的机构编制。"第八条规定："根据放射性同位素与射线装置的安全和防护要求及其对环境的影响程度，对环境影响评价文件实行分类管理。转让放射性同位素和射线装置的活动不需要编制环境影

响评价文件。"

这里主要是查看放射源的审批备案材料是否完备。

（224）放射性物质的转移和运输有学校及公安部门的审批备案材料。

《放射性物品运输安全管理条例》第三十八条规定："通过道路运输放射性物品的，应当经公安机关批准，按照指定的时间、路线、速度行驶，并悬挂警示标志，配备押运人员，使放射性物品处于押运人员的监管之下。通过道路运输核反应堆乏燃料的，托运人应当报国务院公安部门批准。通过道路运输其他放射性物品的，托运人应当报启运地县级以上人民政府公安机关批准。具体办法由国务院公安部门商国务院核安全监管部门制定。"

（225）放射性物质及射线装置储存和使用场所变更应重新开展环境影响评价。

《中华人民共和国环境影响评价法》第二十四条规定："建设项目的环境影响评价文件经批准后，建设项目的性质、规模、地点、采用的生产工艺或者防治污染、防止生态破坏的措施发生重大变动的，建设单位应当重新报批建设项目的环境影响评价文件。"

放射源、放射性物质及射线装置储存和使用场所发生变更的，应重新开展环境影响评价，并申领辐射安全许可证。应现场查看实际辐射工作场所是否和许可证登记的场所一致。

11.3 放射性实验安全及废物处置

11.3.1 各类放射性装置有符合国家相关规定的操作规程、安保方案及应急预案，并遵照执行

《放射性同位素与射线装置安全许可管理办法》中关于操作规程、安保方案及应急预案的要求：

第十三条 生产放射性同位素的单位申请领取许可证，应当具备下列条件：

（八）建立健全的操作规程、岗位职责、辐射防护制度、安全保卫制度、设备检修维护制度、人员培训制度、台账管理制度和监测方案。

第四十三条 县级以上人民政府环境保护主管部门应当会同同级公安、卫生、

财政、新闻、宣传等部门编制辐射事故应急预案，报本级人民政府批准。生产、销售、使用放射性同位素与射线装置的单位，应当根据可能发生的辐射事故的风险，制定本单位的应急预案，做好应急准备。

使用放射性同位素和射线装置需要有健全的操作规程、辐射防护措施、台账管理制度、监测方案和辐射事故应急预案，这是取得许可证的前提条件。

（226）重点关注 γ 辐照、电子加速器、射线探伤仪、非密封放射性实验操作、Ⅴ类以上的密封性放射性实验操作。

关于 226 目中几种辐射装置的使用和管理规范，可参考以下标准或规章：GB 17568—2019《γ 辐照装置设计建造和使用规范》、GB 5172—1985《粒子加速器辐射防护规定》、HJ 979—2018《电子加速器辐照装置辐射安全和防护》、环发〔2007〕8 号《关于 γ 射线探伤装置的辐射安全要求》。

（227）查看辐射事故应急预案及应急演练记录（每年不少于 1 次演练）。

《放射性同位素与射线装置安全和防护条例》和《放射性同位素与射线装置安全和防护管理办法》中关于辐射事故应急预案的规定："县级以上人民政府生态环境主管部门应当会同同级公安、卫生、财政等部门编制辐射事故应急预案，报本级人民政府批准。生产、销售、使用放射性同位素和射线装置的单位，应当根据可能发生的辐射事故的风险，制定本单位的应急方案，做好应急准备。"

实验室的辐射安全风险包括：放射源丢失、被盗，实验失控，因失控导致人员受到意外照射，严重者引发环境放射性污染等。

实验室及所在单位应针对具体风险制定相应的应急预案，完善各种情况下的响应机制。针对实验室及本单位可控级别的安全风险，应制定相应范围内的应急预案，并根据应急预案在本实验室及本单位实施应急演练。超出本实验室本单位能力范围的安全风险，应制定相应的应急预案，做好应急准备，按照上级主管部门的指导和应急响应机制进行应急演练。应急演练每年不少于 1 次。

应急预案的编制可参考北京市辐射安全研究会发布的团体标准 TBSRS 052—2021《核技术利用单位辐射事故应急预案的格式和内容》。

11.3.2 放射源及设备报废时有符合国家相关规定的处置方案或回收协议

《放射性同位素与射线装置安全和防护条例》第三十二条规定："生产、进口放射源的单位销售Ⅰ类、Ⅱ类、Ⅲ类放射源给其他单位使用的，应当与使用放射源的单位签订废旧放射源返回协议；使用放射源的单位应当按照废旧放射源返回协议规定将废旧放射源交回生产单位或者返回原出口方。确实无法交回生产单位或者返回原出口方的，送交有相应资质的放射性废物集中贮存单位贮存。"

使用放射源的单位应当按照国务院生态环境主管部门的规定，将Ⅳ类、Ⅴ类废旧放射源进行包装整备后送交有相应资质的放射性废物集中贮存单位贮存。

（228）中、长半衰期核素固液废物有符合国家相关规定的处置方案或回收协议，短半衰期核素固液废弃物放置10个半衰期经检测达标并经审管部门的批准可以作为普通废物处理，并有处置记录。

《放射性同位素与射线装置安全许可管理办法》第十三条对申请领取许可证的前提条件做了规定："具有确保放射性废气、废液、固体废物达标排放的处理能力或者可行的处理方案。"

关于短半衰期核素固液废弃物清洁解控条件，GB 18871—2002《电离辐射防护与辐射源安全基本标准》规定：

4.2.5 已通知或已获准实践中的源（包括物质、材料和物品），如果达到审管部门规定的清洁解控水平，则经审管部门认可，可以不再遵守本标准的要求，即可以解控。除非审管部门另有规定，否则清洁解控水平的确定应考虑本标准附录A（标准的附录）所规定的豁免准则，并且所定出的清洁解控水平不应高于本标准附录A（标准的附录）中规定的或审管部门根据该附录规定的准则所建立的豁免水平。

短半衰期放射性废物达到清洁解控标准的（通常放置10个半衰期），经主管部门同意后可按照非放射废物处理，具体要求见GB 18871—2002《电离辐射防护与辐射源安全基本标准》第8.6条关于"放射性物质向环境排放的控制"。

（229）报废含有放射源或可产生放射性的设备，须报学校管理部门同意，并按国家规定进行退役处置。X光管报废时应破坏高压设备，拍照留存。

《放射性同位素与射线装置安全和防护管理办法》"第四章 废旧放射源与被放射性污染的物品管理"中规定："生产、进口放射源的单位销售Ⅰ类、Ⅱ类、Ⅲ类放射源给其他单位使用的，应当与使用放射源的单位签订废旧放射源返回协议。确实无法交回生产单位或者返回原出口方的，送交具备相应资质的放射性废物集中贮存单位贮存，并承担相关费用。"

需要报废 X 射线装置的，使用单位应当对射线装置内的高压射线管进行拆解，使其丧失产生射线的功能，避免废物处理过程中人为误操作而产生辐射安全危害。

（230）涉源实验场所退役，须按国家相关规定执行。

《放射性同位素与射线装置安全和防护条例》中关于涉源场所退役的规定：

第三十三条　使用Ⅰ类、Ⅱ类、Ⅲ类放射源的场所和生产放射性同位素的场所，以及终结运行后产生放射性污染的射线装置，应当依法实施退役。

《放射性同位素与射线装置安全和防护管理办法》中关于涉源场所退役的规定：

第十三条　使用Ⅰ类、Ⅱ类、Ⅲ类放射源的场所，生产放射性同位素的场所，按照《电离辐射防护与辐射源安全基本标准》（以下简称《基本标准》）确定的甲级、乙级非密封放射性物质使用场所，以及终结运行后产生放射性污染的射线装置，应当依法实施退役。

依照前款规定实施退役的生产、使用放射性同位素与射线装置的单位，应当在实施退役前完成下列工作：

（一）将有使用价值的放射源按照《放射性同位素与射线装置安全和防护条例》的规定转让；

（二）将废旧放射源交回生产单位、返回原出口方或者送交有相应资质的放射性废物集中贮存单位贮存。

第十四条　依法实施退役的生产、使用放射性同位素与射线装置的单位，应当在实施退役前编制环境影响评价文件，报原辐射安全许可证发证机关审查批准；未经批准的，不得实施退役。

第十五条　退役工作完成后 60 日内，依法实施退役的生产、使用放射性同位素与射线装置的单位，应当向原辐射安全许可证发证机关申请退役核技术利用项目终态验收，并提交退役项目辐射环境终态监测报告或者监测表。

依法实施退役的生产、使用放射性同位素与射线装置的单位，应当自终态验收合格之日起 20 日内，到原发证机关办理辐射安全许可证变更或者注销手续。

11.3.3 放射性废物(源)应严加管理，不得作为普通废物处理，不得擅自处置

（231）相关实验室应当配置专门的放射性废物收集桶，放射性废液送贮前应进行固化整备。

《中华人民共和国放射性污染防治法》第四十五条规定："产生放射性固体废物的单位，应当按照国务院环境保护行政主管部门的规定，对其产生的放射性固体废物进行处理后，送交放射性固体废物处置单位处置，并承担处置费用。"

《放射性废物安全管理条例》中关于放射性废物收集的规定：

第十条　核设施营运单位应当对其产生的除废旧放射源以外的放射性固体废物和不能经净化排放的放射性废液进行处理，使其转变为稳定的、标准化的固体废物后自行贮存，并及时送交取得相应许可证的放射性固体废物处置单位处置。

第十一条　核技术利用单位应当对其产生的不能经净化排放的放射性废液进行处理，使其转变为放射性固体废物。

（232）放射性废物应及时送交有资质的放射性废物集中贮存单位贮存。

《放射性同位素与射线装置安全和防护管理办法》第十三条指出："将废旧放射源交回生产单位、返回原出口方或者送交有相应资质的放射性废物集中贮存单位贮存。"

《放射性废物安全管理条例》第十条规定："核设施营运单位应当将其产生的不能回收利用并不能返回原生产单位或者出口方的废旧放射源，送交取得相应许可证的放射性固体废物贮存单位集中贮存，或者直接送交取得相应许可证的放射性固体废物处置单位处置。"

（233）排放气态或液态放射性流出物应严格按照环评和地方生态环境部门批准的排放量和排放方式执行。

《中华人民共和国放射性污染防治法》中关于放射性废物排放的规定：

第四十条　向环境排放的放射性废气、废液，必须符合国家放射性污染防治标准。

第四十一条　产生放射性废气、废液的单位向环境排放符合国家放射性污染防治标准的放射性废气、废液，应当向审批环境影响评价文件的环境保护行政主管

部门申请放射性核素排放量，并定期报告排放计量结果。

第四十二条　产生放射性废液的单位，必须按照国家放射性污染防治标准的要求，对不得向环境排放的放射性废液进行处理或者贮存。

产生放射性废液的单位向环境排放符合国家放射性污染防治标准的放射性废液，必须采用符合国务院环境保护行政主管部门规定的排放方式。禁止利用渗井、渗坑、天然裂隙、溶洞或者国家禁止的其他方式排放放射性废液。

产生气态或液态放射性流出物，需要向环境中排放的，应严格按照 GB 18871—2002《电离辐射防护与辐射源安全基本标准》的"附录 B　剂量限值和表面污染控制水平"和环评批准的排放量及排放方式执行，并现场查看流出物监测报告。

12 机电等安全

12.1 仪器设备常规管理

12.1.1 建立设备台账，设备上有资产标签，有明确的管理人员

（234）查看电子或纸质台账。

《行政事业性国有资产管理条例》第三十条规定："各部门及其所属单位应当按照国家规定设置行政事业性国有资产台账，依照国家统一的会计制度进行会计核算，不得形成账外资产。"

台账应至少包含设备名称、配置、主要参数、管理人员等基本信息。

12.1.2 大型、特种设备的使用须符合相关规定

（235）大型仪器设备、高功率的设备与电路容量相匹配，有设备运行维护记录，有安全操作规程或注意事项。

大型仪器设备、高功率的设备对电的需求量更大，电力不匹配容易损坏仪器、造成故障，甚至酿成火灾事故。

大型仪器设备往往需要严格遵守操作规程，这不仅能保护仪器设备，还是获得高质量数据的前提。

12.1.3 仪器设备的接地和用电符合相关要求

（236）仪器设备接地系统应按规范要求，采用铜质材料，接地电阻不高于 $0.5\ \Omega$。

仪器设备接地系统应按规范要求，首先应检查满足仪器安装条件的要求，若没有明确提出要求，一般独立的安全保护接地电阻不高于 $4\ \Omega$。

（237）电脑、空调、电加热器等不随意开机过夜。对于不能断电的特殊仪器设备，采取必要的防护措施（如双路供电、不间断电源、监控报警等）。

仪器设备接地可以参考 GB 14050—2008《系统接地的型式及安全技术要求》、

GB 50054—2011《低压配电设计规范》、GB 50169—2016《电气装置安装工程 接地装置施工及验收规范》、GB 50174—2017《数据中心设计规范》等标准中的相关条款。其中,交流工作接地的接地电阻不应大于 4 Ω;安全保护接地的接地电阻不应大于 4 Ω;对于高压、大电流等强电实验室,其接地系统的电阻应不大于 0.5 Ω。

12.1.4 特殊设备应配备相应的安全防护措施

(238)关注高温、高压、高速运动、电磁辐射等特殊设备,对使用者有培训要求,有安全警示标识和安全警示线(黄色),设备安全防护措施完好。

《中华人民共和国安全生产法》第三十五条规定:"生产经营单位应当在有较大危险因素的生产经营场所和有关设施、设备上,设置明显的安全警示标志。"

有风险的仪器设备应在显著位置张贴警示标识或警示线,具体参照 GB 2894—2008《安全标志及其使用导则》《用人单位职业病危害告知与警示标识管理规范》等标准和规范。

参照 GB/T 18153—2000《机械安全 可接触表面温度 确定热表面温度限值的工效学数据》,操作者能触及的仪器表面温度连续 4 s 在 55℃以上者判定为高温,应在显著位置张贴高温警示标志[图 12-1(a)]。

带压力的装置,无论正压还是负压,都可能有崩坏的风险。应根据容器的材质判断风险程度,并做好相应的防护,并张贴警示标志[图 12-1(b)]。达到特种设备参数的设备须遵守特种设备的法律法规要求。

在高速运动部位可能对操作者带来风险的场合,须张贴机械伤害的警示标志[图 12-1(c)]。

(a)　　　　　　　　(b)　　　　　　　　(c)

图 12-1　高温、高压、机械伤害警示标志

电磁辐射由于看不见摸不着而容易被忽视,应关注仪器参数,科学判断辐射级别,超出 GB 18871—2002《电离辐射防护与辐射源安全基本标准》规定的,应张贴电离辐射警示标志,并按辐射安全管理规定处理,详见本书第 11 部分。

(239) 非标准设备、自制设备应经安全论证合格后方可使用,须充分考虑安全系数,并有安全防护措施。

自制设备应按 GB/T 15706—2012《机械安全 设计通则 风险评估与风险减小》、GB/T 30574—2021《机械安全 安全防护的实施准则》、GB/T 38272—2019《机械安全 机械设备安全升级指南》和机械设计手册的知识和技术要求,充分考虑部件安全系数,并装设必要的防护装置。

全国机械安全标准化技术委员会机械安全设计分技术委员会将现行的 77 项机械安全标准汇总在《全国机械安全标准化技术委员会现行国家标准一览表》中,在进行设计和改造时可以参考相关的标准。

GB 15706—2012《机械安全 设计通则 风险评估与风险减小》中第 3.20 条对本质安全设计措施的定义为"通过改变机器设计或工作特性,而不是使用防护装置或保护装置来消除危险或减小与危险相关的风险的保护措施"。第 6.2 条指出本质安全设计措施为"通过适当选择机器的设计特性和/或暴露人员与机器的交互作用来消除危险或减小风险",主要涵盖几何因素和物理特性、机械设计的通用技术知识、适用技术的选择、采用直接机械作用原则、稳定性、维修性、人类工效学原则、电气系统、控制系统等。

安全系数是进行机械工程设计时,为了防止因材料的缺点、工作的偏差、外力的突增等因素所引发的后果,必须保留足够的安全系数,以应对不确定的情况。通常将其定义为最大应力与工作或设计应力之比,其中易延展材料的安全系数基于屈服点应力,脆性材料的安全系数基于极限应力。各种机械零件许用安全系数的选用应综合加载方式、材料特性、使用年限等因素按照机械设计手册中各类情况的上限值选取。

GB 15706—2012《机械安全 设计通则 风险评估与风险减小》中第 3.21 条对安全防护的定义为"使用安全防护装置保护人员的防护措施,这些防护措施使人员远离那些不能合理消除的危险或者通过安全设计措施无法充分减小的风险",具体见该标准中"6.3 安全防护及补充保护措施"。

12.2 机械安全

12.2.1 机械设备应保持清洁整齐，可靠接地

（240）机床应保持清洁整齐，严禁在床头、床面、刀架上放置物品。

（241）机械设备可靠接地，实验结束后，应切断电源，整理好场地并将实验用具等摆放整齐，及时清理机械设备产生的废渣、废屑。

加工机床应保持清洁整齐，严禁在床头、床面、刀架等位置放置工件和工具等物品，防止物品击飞伤人。

12.2.2 操作机械设备时实验人员应做好个体防护

（242）个体防护用品要穿戴齐全，如工作服、工作帽、工作鞋、防护眼镜等。操作冷加工设备时必须穿"三紧式"工作服，不能留长发（长发要盘在工作帽内），禁止戴手套。

（243）进入高速切削机械操作工作场所，应穿好工作服、工作鞋，戴好防护眼镜，扣紧衣袖口，戴好工作帽（长发学生必须将长发盘在工作帽内），禁止戴手套、长围巾、领带、手镯等配饰物，禁止穿拖鞋、高跟鞋等。设备运转时严禁用手调整工件。

12.2.3 铸锻及热处理实验应满足场地和防护要求

（244）铸造实验场地宽敞、通道畅通，使用设备前，操作者要按要求穿戴好防护用品。

（245）盐浴炉加热零件必须预先烘干，并用铁丝绑牢，缓慢放入炉中，以防盐液炸崩烫伤。

（246）淬火油槽中不得有水，油量不能过少，以免发生火灾。

（247）与铁水接触的一切工具，使用前必须加热，严禁将冷的工具伸入铁水内，以免引起爆炸。

（248）锻压设备不得空打或大力敲打过薄锻件，锻造时锻件温度应达到850℃以上，锻锤空置时应垫有木块。

所有浸入盐浴炉的工件、夹具、辅料必须进行预热,缓慢放入,以防盐液飞溅伤人。

当高温工件淬入含水量高的油中时,油中的水会产生大量水蒸气气泡使油的体积急剧增大,容易引发火灾。

淬火槽中的油量不能过少,一般液面控制在 1/2～2/3 高处。

金属铸造时,模型预热温度不低于 120℃,与金属液进行接触的工件必须预热。

12.2.4　高处作业应符合相关操作规程

(249) 在坠落高度基准面 **2 m** 及以上有可能坠落的高处进行作业,须穿防滑鞋、佩戴安全帽、使用安全带。

GB 3608—2008《高处作业分级》和 JGJ 80—2016《建筑施工高处作业安全技术规范》中规定,凡在坠落高度基准面 2 m 以上(含 2 m)有可能坠落的高处进行的作业,均称为高处作业。实验室高处作业也应采取必要的防护措施,防止高处坠落。

(250) 临边作业须在临空一侧设置防护栏杆,有相关安全操作规程。

JGJ 80—2016《建筑施工高处作业安全技术规范》中规定,临边作业是指"在工作面边沿无围护或围护设施高度低于 800 mm 的高处作业,包括楼板边,楼梯段边,屋面边,阳台边,各类坑、沟、槽等边沿的高处作业"。第 4.1.1 条规定:"在坠落高度基准面 2 m 及以上进行临边作业时,应在临空一侧设置防护栏杆。"

12.3　电气安全

12.3.1　电气设备的使用应符合用电安全规范

(251) 各种电气设备及电线应始终保持干燥,防止浸湿,以防短路引起火灾或烧坏电气设备。

(252) 实验室内的功能间墙面都应设有专用接地母排,并设有多点接地引出端。

(253) 高压、大电流等强电实验室要设定安全距离,按规定设置安全警示牌,安全信号灯、联动式警铃、门锁,有安全隔离装置或屏蔽遮栏(由金属制成,并可靠接地,高度不低于 2 m)。

(254)控制室(控制台)应铺橡胶、绝缘垫等。

电气设备及电线若浸湿,可能由于绝缘破坏或者液体导电而造成短路,发生设备损坏或者火灾。

橡胶、绝缘垫能够保护人体在触电时不形成大电流回路,从而降低电击对人体的伤害。

安全警示牌、信号灯、警铃都是提示标识,以免人员误入带电实验区域;安全隔离装置或屏蔽遮栏为防止直接电击的屏护措施,应可靠接地。

使用 1000 V 及以上高电压的实验室,参照 GB 26860—2011《电力安全工作规程 发电厂和变电站电气部分》第 5.2.2 条中的表 1 设置安全距离。

表 1 设备不停电时的安全距离

电压等级/kV	安全距离/m
10 及以下	0.70
20,35	1.00
66,110	1.50
220	3.00
330	4.00
500	5.00
750	7.20
1000	8.70
±50 及以下	1.50
±500	6.00
±660	8.40
±800	9.30

注1:表中未列电压等级按高一档电压等级设置安全距离。
注2:13.8 kV 执行 10 kV 的安全距离。
注3:750 kV 数据按海拔 2000 m 校正,其他等级数据按海拔 1000 m 校正。

(255)强电实验室禁止存放易燃、易爆、易腐品,保持通风散热。

高电压强电实验室,可能会发生放电从而成为点火源。强电实验室不应放置易燃易爆危险化学品。

(256)应为设备配备残余电流泄放专用的接地系统。

高电压强电实验结束,电源断开后,设备或部分元器件可能依然带电,为了避免人员触电,需要配置残余电流泄放专用的接地系统。

（257）禁止在有可燃气体泄漏隐患的环境中使用电动工具；电烙铁有专门的搁架，用毕立即切断电源。

使用电动工具会产生电火花，在有可燃气体泄漏风险的环境中可能引发爆炸。如要使用电动工具，首先应排除风险。

电烙铁使用中一般温度达 350～500℃，应使用专门的搁架，避免烫伤人员或者引燃其他物品，用毕应立即拔除插头，待温度降至安全温度方可离开。

（258）强磁设备应配备与大地相连的金属屏蔽网。

磁场强度限制可参考 GB 8702—2014《电磁环境控制限值》。与大地相连的金属屏蔽网可将强磁设备的磁场屏蔽，避免人员遭到电磁辐射，屏蔽网表面必须连续导电且不能有导体直接穿透。

12.3.2 操作电气设备应配备合适的防护器具

（259）强电类高电压实验必须在两人（含）以上，操作时应戴绝缘手套；防护器具按规定进行周期试验或定期更换；静电场所要保持空气湿润，工作人员要穿戴防静电服、手套和鞋靴。

危险实验应保证两人以上同时在场，高电压实验也应如此。

强电实验室应配备与电压等级相匹配的绝缘手套、绝缘杆等。防护器具应符合电力行业标准 DL/T 976《带电作业工具、装置和设备预防性试验规程》的要求，进行周期实验或者定期更换，确保其可靠、有效。

在有静电危害风险的场所，应参照 GB 12158—2006《防止静电事故通用导则》第 6 部分"静电防护技术措施"，采取必要的措施降低静电风险。其中增湿、穿戴防静电装备都是减少静电积累的有效手段。

12.4 激光安全

12.4.1 激光实验室配有完备的安全屏蔽设施

（260）功率较大的激光器有互锁装置、防护罩，激光照射方向不会对他人造成伤害，防止激光发射口及反射镜上扬。

4 类激光器（连续输出功率大于 0.5 W）应有防护罩和互锁装置，防护罩打开后激光不能发射；在激光光路范围内光学元件固定牢固，激光照射区域内不会有非实验人员进入。

12.4.2 进行激光实验时须佩戴合适的个体防护用具

（261）操作人员佩戴防护眼镜等防护用品、不戴手表等能反光的物品，禁止直视激光束和它的反向光束，禁止对激光器件做任何目视准直操作，禁止用眼睛检查激光器故障，检查激光器必须在断电的情况下进行。

对于 3R、3B 类和 4 类激光器，操作人员要佩戴防护眼镜进行操作，防护眼镜符合 GB 30863—2014《个体防护装备　眼面部防护　激光防护镜》的要求。

操作人员不能佩戴手表、首饰等能反光的物品；操作激光设备时禁止直视光束；激光器出现故障要先断电，再请专业人士进行检查维护。

12.4.3 警告标识

（262）所有激光区域内张贴警告标识。

激光源本身及激光工作区域都应张贴激光警告标志，如图 12-2 所示。

图 12-2　激光警告标志

12.5 粉尘安全

12.5.1 粉尘爆炸危险场所，应选用防爆型电气设备

（263）防爆灯、防爆电气开关的导线敷设应选用镀锌管，必须达到整体防爆要求。

粉尘涉爆场所应当规范选用与爆炸危险区域相适应的防爆型电气设备，防止产生电弧和电火花，具体应按 GB 15577—2018《粉尘防爆安全规程》中的规定执行：

6.3.1 粉尘爆炸危险场所建（构）筑物应按 GB 50057 中的有关规定采取相应的防雷措施。

6.3.2 有静电引燃危险时，应符合 GB 12158 的相关要求外，还应遵守下列规定：

（1）所有金属设备、装置外壳、金属管道、支架、构件、部件等，应采用防静电直接接地措施，不便或工艺不准许直接接地的，可通过导静电材料或制品间接接地；

（2）直接用于盛装起电粉料的器具，输送粉料的管道（带），应采用金属或防静电材料制成；

（3）金属管道连接处（如法兰），应进行防静电跨接；

（4）操作人员应采取防静电措施。

6.3.3 粉尘爆炸危险场所用电气设备应符合 GB 12476.1、GB/T 3836.15 的相关规定；应防止由电气设备或线路产生的过热及火花，防止可燃性粉尘进入产生电火花或高温部件的外壳内。

6.3.4 粉尘爆炸危险场所的电气设计、安装应按 GB 50058 的有关规定执行。

（264）粉尘加工要有除尘装置，除尘器符合防静电安全要求，除尘设施应有阻爆、隔爆、泄爆装置，使用工具具有防爆功能或不产生火花。

GB 15577—2018《粉尘防爆安全规程》的第 8 部分详述了对除尘的要求：

8.4.5 袋式除尘器不应采用机械振打方式，滤袋应采用阻燃及防静电的滤料制作，滤袋的抗静电特性应符合 GB/T 17919 的要求。

10.5 检修作业应采用防止产生火花的防爆工具，禁止使用铁质检修作业工具。

12.5.2 进入产生粉尘的实验场所，须穿戴合适的个体防护用具

（265）进入粉尘爆炸危险场所应穿防静电服装，禁止穿化纤材料制作的衣服，工作时必须佩戴防尘口罩和护耳器。

GB 15577—2018《粉尘防爆安全规程》第 11 部分"个体防护"中指出："粉尘爆炸危险场所作业人员应按 GB 39800《个体防护装备配备规范》（替代 GB/T

11651)的有关规定,使用个体劳动防护用品。在工艺流程中使用惰性气体或可能释放出有毒气体的场所,应配备可保证作业人员安全的呼吸保护装置。粉尘爆炸危险场所作业人员不应穿化纤类易产生静电的工作服。"

作业人员工作时佩戴防尘口罩和护耳器,防止粉尘从口、鼻、耳进入体内。

12.5.3 确保实验室粉尘浓度在爆炸限以下,并配备灭火装置

(266) 粉尘浓度较高的场所,适当配备加湿装置,并配备合适的灭火装置。

GB 15577—2018《粉尘防爆安全规程》第 6.6 条规定:"灭火应符合消防相关规定的要求,根据粉尘的物理化学性质,正确选用灭火器;不应采用引起粉尘飞扬的灭火措施和方法;对于金属粉尘和与水接触可能产生爆炸性气体的粉尘,不应采用水基灭火器和水灭火。"

13 特种设备与常规冷热设备

特种设备是指《特种设备目录》中所列设备,高校实验室常见的有起重设备、压力容器、场(厂)内专用机动车辆。特种设备是实验室中的特殊危险源,首先应遵守《中华人民共和国特种设备安全法》《特种设备安全监察条例》等法律法规的要求,在管理上应遵守 TSG 08—2017《特种设备使用管理规则》,在技术上须遵守相应的安全操作规程。

本安全检查项目表对起重机械、压力容器、场内机动车列出了相关的检查要点,其他类别特种设备如压力管道,由于尺寸较大,实验室及周边设备不常用到,如果存在,须遵守特种设备的法律法规并按照相应的监察规程进行严格管理。压力管道代码为 8000,是指利用一定的压力输送气体或者液体的管状设备,其范围规定为最高工作压力大于或者等于 0.1 MPa(表压),介质为气体、液化气体、蒸汽或者可燃、易爆、有毒、有腐蚀性、最高工作温度高于或者等于标准沸点的液体,且公称直径大于或者等于 50 mm 的管道。公称直径小于 150 mm,且其最高工作压力小于 1.6 MPa(表压)的输送无毒、不可燃、无腐蚀性气体的管道和设备本体所属管道除外。

按照 TSG 08—2017《特种设备使用管理规则》的规定,参数在《特种设备目录》规定范围内的设备须办理特种设备使用登记证;参数不在其规定范围内的不属于特种设备,无须办理特种设备登记,按一般设备进行管理。

加热与制冷设备有其安全风险的特殊性,放在这一部分讲解。

13.1 起重类设备

根据《特种设备目录》,起重机械的代码为 4000,是指用于垂直升降或者垂直升降并水平移动重物的机电设备,其范围规定为额定起重量大于或者等于 0.5 t 的升降机;额定起重量大于或者等于 3 t(或额定起重力矩大于或者等于 40 t·m 的塔式起重机,或生产率大于或者等于 300 t/h 的装卸桥),且提升高度大于或者等于 2 m 的起重机;层数大于或者等于 2 层的机械式停车设备。

相关要求可参考标准 GB 6067.1—2010《起重机械安全规程 第 1 部分：总则》、TSG Q7 015—2016《起重机械定期检验规则》。

13.1.1 达到《特种设备目录》中起重机械指标的起重设备须取得特种设备使用登记证

（267） 额定起重量大于或者等于 0.5 t 的升降机；额定起重量大于或者等于 3 t（或额定起重力矩大于或者等于 40 t·m 的塔式起重机，或生产率大于或者等于 300 t/h 的装卸桥），且提升高度大于或者等于 2 m 的起重机；层数大于或者等于 2 层的机械式停车设备，须取得特种设备使用登记证。

达到《特种设备目录》起重机械指标的起重设备，须按照 TSG 08—2017《特种设备使用管理规则》第 3.1 条的规定办理登记："特种设备在投入使用前或者投入使用后 30 日内，使用单位应当向所在地的特种设备安全监管部门办理使用登记，取得特种设备使用登记证。"特种设备使用登记证如图 13-1 所示，登记标志应当置于该特种设备的显著位置。

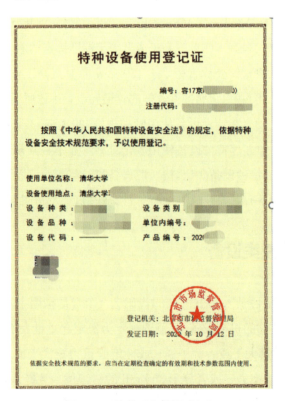

图 13-1　特种设备使用登记证

13.1.2 起重机械作业人员、检验单位须有相关资质

(268) 起重机指挥、起重机司机须取得相应的特种设备安全管理和作业人员证,持证上岗,并每 4 年复审 1 次。

《特种设备作业人员监督管理办法》第二条规定:"从事特种设备作业的人员应当按照本办法的规定,经考核合格取得特种设备作业人员证,方可从事相应的作业或者管理工作。"

《特种设备作业人员监督管理办法》第二十二条规定:"特种设备作业人员证每 4 年复审 1 次。持证人员应当在复审期届满 3 个月前,向发证部门提出复审申请。对持证人员在 4 年内符合有关安全技术规范规定的不间断作业要求和安全、节能教育培训要求,且无违章操作或者管理等不良记录、未造成事故的,发证部门应当按照有关安全技术规范的规定准予复审合格,并在证书正本上加盖发证部门复审合格章。"

报名条件、考试大纲、发证、复审、证书样式等详细内容见 TSG Z6001—2019《特种设备作业人员考核规则》(图 13-2),考试大纲分别在"附录 ja 起重机作业指挥人员考试大纲"和"附录 jb 起重机司机考试内容"中。

特种设备安全管理和作业人员证(样式)		特种设备作业人员资格认定分类与项目			
中华人民共和国 特种设备 安全管理和作业人员证	说明 1. 本证件第一页持证人照片处应当加盖首次发证机关印章,否则无效。 2. 有效期届满的1个月以前,持证人应申请办理复审。逾期未复审或复审不合格,作业项目到期失效。 3. 证件编号指居民身份证号等身份证件号。	序号	种类	作业项目	项目代号
		1	特种设备安全管理	特种设备安全管理	A
		2	锅炉作业	工业锅炉司炉	G1
				电站锅炉司炉	G2
				锅炉水处理	G3
		3	压力容器作业	快开门式压力容器操作	R1
				移动式压力容器充装	R2
				氧舱维护保养	R3
		4	气瓶作业	气瓶充装	P
		5	电梯作业	电梯修理	T
		6	起重机作业	起重机指挥	Q1
				起重机司机	Q2
		7	客运索道作业	客运索道修理	S1
				客运索道司机	S2
		8	大型游乐设施作业	大型游乐设施修理	Y1
				大型游乐设施操作	Y2
		9	场(厂)内专用机动车辆作业	叉车司机 观光车和观光列车司机	N1 N2
		10	安全附件修理作业	安全阀校验	F
		11	特种设备焊接作业	金属焊接操作 非金属焊接操作	注
		注:按照特种设备焊接作业人员相关安全技术规范的规定执行。			

图 13-2 证书样式与资格认定

(269) 委托有资质的单位进行定期检验,并将定期检验合格证置于特种设备的显著位置。

《特种设备安全监察条例》第二十八条规定:"特种设备使用单位应当按照安全技术规范的定期检验要求,在安全检验合格有效期届满前 1 个月向特种设备检

验检测机构提出定期检验要求。检验检测机构接到定期检验要求后,应当按照安全技术规范的要求及时进行安全性能检验和能效测试。未经定期检验或者检验不合格的特种设备,不得继续使用。"

TSG 08—2017《特种设备使用管理规则》的"附件 G　特种设备使用标记"第 4 条规定:"锅炉、固定式压力容器、起重机械使用单位应当将特种设备使用标志或者使用单位盖章(签名确认)的复印件悬挂或者固定在特种设备的显著位置,当无法悬挂或者固定时,可存放在使用单位的安全技术档案中,同时将使用登记证编号标注在特种设备产品的铭牌上或者其他可见部位。"

TSG Q7015—2016《起重机械定期检验规则》第二条规定:"定期检验,是指在起重机械使用单位进行经常性维护保养(简称维保)和自行检查(简称自检)的基础上,由国家质量监督检验检疫总局核准的特种设备检验机构,依据本规则对纳入使用登记的在用起重机械按照一定的周期进行检验。"第四条规定了在用起重机的定期检验周期:"(一)塔式起重机、升降机、流动式起重机,每年 1 次;(二)桥式起重机、门式起重机、门座式起重机、缆索式起重机、桅杆式起重机、机械式停车设备,每 2 年 1 次,其中涉及吊运熔融金属的起重机,每年 1 次。"

学校应当在定期检验有效期届满 1 个月前,向特种设备检验机构提出定期检验申请,并做好相关准备工作;应当将定期检验合格证(图 13-3)置于特种设备的显著位置。

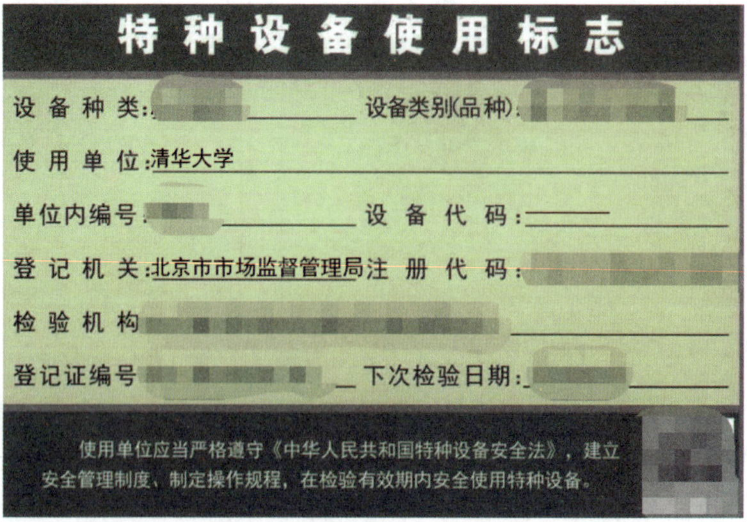

图 13-3　特种设备定期检验合格证

13.1.3 起重机械须定期保养，设置警示标识，安装防护设施

(270) 在用起重机械至少每月进行 1 次日常维护保养和自行检查，并做记录。

《中华人民共和国特种设备安全法》第三十九条规定："特种设备使用单位应当对其使用的特种设备进行经常性维护保养和定期自行检查，并做出记录。特种设备使用单位应当对其使用的特种设备的安全附件、安全保护装置进行定期校验、检修，并做出记录。"

《特种设备安全监察条例》第二十七条规定："特种设备使用单位应当对在用特种设备进行经常性日常维护保养，并定期自行检查。特种设备使用单位对在用特种设备应当至少每月进行 1 次自行检查，并做出记录。特种设备使用单位在用特种设备进行自行检查和日常维护保养时发现异常情况的，应当及时处理。特种设备使用单位应当对在用特种设备的安全附件、安全保护装置、测量调控装置及有关附属仪器仪表进行定期校验、检修，并做出记录。"

TSG 08—2017《特种设备使用管理规则》第 2.7.1 条对经常性维护保养的规定："使用单位应根据设备的特点和使用状况对特种设备进行经常性维护保养，维护保养应当符合有关安全技术规范和产品使用维护保养说明的要求，对发现的异常情况及时处理，并且做出记录，保证在用特种设备始终处于正常使用状态。"第 2.7.2 条对定期自行检查的规定："为保证设备的安全运行，特种设备使用单位应当根据所使用的特种设备的类型、品种和特性进行定期自行检查。定期自行检查的时间、内容和要求应当符合有关安全技术规范的规定及产品使用维护保养说明的要求。"

GB 6067.1—2010《起重机械安全规程 第 1 部分：总则》第 18.1 条检查中规定："在每次换班或每个工作日的开始，对在用起重机械应按其类型进行日常检查；正常情况下每周进行 1 次周检，或按制造商规定的检查周期和根据起重机械实际使用工况制定检查周期。"

这里给出了至少每月进行 1 次日常维护保养和自行检查的底线要求。对没有达到特种设备指标的起重设备也建议每月进行维护和检查，并做好记录；保证在用起重机械始终处于正常状态。如发现起重机械有异常情况，应立即停止工作，及时进行处理和维修。

（271）**制定安全操作规程，并在周边醒目位置张贴警示标识，有必要的安全距离和防护措施。**

《中华人民共和国特种设备安全法》第三十四条规定："特种设备使用单位应当建立岗位责任、隐患治理、应急救援等安全管理制度，制定操作规程，保证特种设备安全运行。"

《中华人民共和国特种设备安全法》第二十一条规定："特种设备出厂时，应当随附安全技术规范要求的设计文件、产品质量合格证明、安装及使用维护保养说明、监督检验证明等相关技术资料和文件，并在特种设备显著位置设置产品铭牌、安全警示标志及其说明。"TSG 08—2017《特种设备使用管理规则》第2.9条安全警示中规定："特种设备应该根据设备特点和使用环境、场所，设置安全使用说明、安全注意事项和安全警示标志。"

《中华人民共和国特种设备安全法》第三十七条规定："特种设备的使用应当具有规定的安全距离、安全防护措施。"

实验室内的起重机械应编制安全操作规程，明确安全使用要求、安全注意事项、应急处置方案，并在现场张贴或放置，便于操作人员获取；在特种设备使用周边位置张贴相应的安全警示标识，设定危险区域，提示操作中禁止进入；应有必要的防护措施，如行程限位、扫轨板、紧急停止按钮等。

（272）**起重设备声光报警正常，室内起重设备应标有运行通道。**

GB 6067.1—2010《起重机械安全规程 第1部分：总则》的"表A.1 安全防护装置在典型起重机械上的设置要求"中，序号22为作业报警装置，对多数类型的起重机有"宜装""应装"的规定。GB/T 31502.1—2014《起重机械 检查与维护规程 第1部分：总则》第5.2条规定定期检查应包括："f)安全防护：警示装置及标志，如声、光报警装置，安全警示标志等。"声光报警应能正常工作，室内起重机械应标有运行轨道，并有警示标志。

TSG Q7015—2016《起重机械定期检验规则》的"附件C 起重机械定期（首次）检验项目和要求"中"C5 安全保护和防护装置检查"的C5.8条中报警装置的检查内容是：检查起重机上是否设置蜂鸣器、闪光灯等作业报警装置。

（273）**废弃不用的起重机械应及时拆除。**

《特种设备安全监察条例》第三十条规定："特种设备存在严重事故隐患，无改造、维修价值,或者超过安全技术规范规定使用年限,特种设备使用单位应当及时予以报废,并应当向原登记的特种设备安全监督管理部门办理注销。"第八十四条规定:"特种设备存在严重事故隐患,无改造、维修价值,或者超过安全技术规范规定的使用年限,特种设备使用单位未予以报废,并向原登记的特种设备安全监督管理部门办理注销的,由特种设备安全监督管理部门责令限期改正;逾期未改正的,处 5 万元以上 20 万元以下罚款。"可见,属于特种设备的起重机械废弃不用后应及时办理报废手续。

无论起重机械是否属于特种设备,废弃不用后缺少管理和维护都会造成各种不确定的风险,因此在废弃不用后应及时拆除,防止误操作造成倾倒掉落伤人等意外事故。

13.2 压力容器

根据《特种设备目录》,压力容器的代码为 2000,是指盛装气体或者液体,承载一定压力的密闭设备,其范围规定为最高工作压力大于或者等于 0.1 MPa(表压)的气体、液化气体和最高工作温度高于或者等于标准沸点的液体,容积大于或者等于 30 L 且内直径(非圆形截面指截面内边界最大的几何尺寸)大于或者等于 150 mm 的固定式容器和移动式容器;盛装公称工作压力大于或者等于 0.2 MPa(表压),且压力与容积的乘积大于或者等于 1.0 MPa·L 的气体、液化气体和标准沸点等于或者低于 60℃ 的液体的气瓶;氧舱。

气瓶的安全使用和盛装的气体紧密相关,详细检查条目见 9.6 "实验气体管理"。

高校实验室所用压力容器多数属于"固定式压力容器"类型,技术和管理要求应符合 TSG 21—2016《固定式压力容器安全技术监察规程》的规定。

13.2.1 压力容器使用登记、相关人员资格

(274) 盛装气体或者液体,承载一定压力的密闭设备,其范围规定为最高工作压力大于或者等于 0.1 MPa(表压)的气体、液化气体和最高工作温度高于或者等于标准沸点的液体、容积大于或者等于 30 L 且内直径(非圆形截面指截面内边界最大几何尺寸)大于或者等于 150 mm 的固定式容器和移动式容器,以及氧舱,须

取得特种设备使用登记证。设备铭牌上标明为简单压力容器的无须办理。(气瓶的安全检查要点见 9.6 "实验室气体管理")。

TSG 24—2015《氧舱安全技术监察规程》第 8.3 条规定："使用单位在氧舱投入使用前(含新购置、改造、停用后重新使用、移装、过户等),按照特种设备使用管理的有关规定向市级特种设备安全监管部门逐台申请办理使用登记,领取特种设备使用登记证,未按照规定办理使用登记的氧舱,不得投入使用。"

(275) 快开门式压力容器操作人员、移动式压力容器充装人员、氧舱维护保养人员、特种设备安全管理员应取得相应的特种设备安全管理和作业人员证,持证上岗,并每 4 年复审 1 次。

TSG 08—2017《特种设备使用管理规则》第 2.4.2 条对安全管理人员的规定:"使用特种设备(不含气瓶)总量 50 台以上(含 50 台)的单位应当设置特种设备安全管理机构,其安全管理负责人,应当取得相应的特种设备安全管理人员资格证书;使用单位如果使用 5 台以上(含 5 台)第Ⅲ类固定式压力容器,或从事移动式压力容器充装或气瓶充装,或使用各类特种设备(不含气瓶)总量 20 台以上(含 20 台),则应当设置专职特种设备安全管理员,并取得特种设备安全管理人员资格证书。"压力容器在高校实验室非常普遍,总量大的高校应设置安全管理人员,管理人员应取得相应的特种设备安全管理人员资格证书。

《特种设备作业人员监督管理办法》第二条规定:"从事特种设备作业的人员应当按照本办法的规定,经考核合格取得特种设备作业人员证,方可从事相应的作业或者管理工作。"

《特种设备作业人员监督管理办法》第二十二条规定:"特种设备作业人员证每 4 年复审 1 次。持证人员应当在复审期届满 3 个月前,向发证部门提出复审申请。对持证人员在 4 年内符合有关安全技术规范规定的不间断作业要求和安全、节能教育培训要求,且无违章操作或者管理等不良记录、未造成事故的,发证部门应当按照有关安全技术规范的规定准予复审合格,并在证书正本上加盖发证部门复审合格章。"

报名条件、考试大纲、发证、复审、证书样式等详细内容见 TSG Z6001—2019《特种设备作业人员考核规则》(图 13-2),考试大纲为"附件 F　压力容器作业人员考试大纲"。

13.2.2 压力容器定期检验

(276) 委托有资质的单位进行定期检验,并将定期检验合格证置于特种设备的显著位置。

TSG 21—2016《固定式压力容器安全技术监察规程》第 7.1.2 条规定:"办理使用登记时,安全状况等级和首次检验日期按照以下要求确定:(1)使用登记机关确认制造资料齐全的新压力容器,其安全状况等级为 1 级;进口压力容器的安全状况等级由实施进口压力容器监督检验的特种设备检验机构评定;(2)压力容器首次定期检验日期按照本规程 8.1.6 和 8.1.7 的规定确定,产品标准或者使用单位认为有必要缩短检验周期的除外;特殊情况,需要延长首次定期检验日期时,由使用单位提出书面申请说明情况,经使用单位安全管理负责人批准,延长期限不得超过 1 年。"

TSG 21—2016《固定式压力容器安全技术监察规程》在第 8.1.6 条和第 8.1.7 条中详细给出了检验周期和检验周期的特殊规定:"金属压力容器一般于投用后 3 年内进行首次定期检验,以后的检验周期由检验机构根据压力容器的安全状况等级判定;非金属压力容器一般于投用后 1 年内进行首次定期检验。以后的检验周期由检验机构根据压力容器的安全状况等级判定。"其中第 8.1.7 条对检验周期的缩短、检验周期的延长及无法进行或者不能按期进行定期检验的情况做了详细规定,具体可参见规程原文。

TSG 08—2017《特种设备使用管理规则》的"附件 G 特种设备使用标记"第 4 条规定:"固定式压力容器使用单位应当将特种设备使用标志或者使用单位盖章(签名确认)的复印件悬挂或者固定在特种设备的显著位置,当无法悬挂或者固定时,可存放在使用单位的安全技术档案中,同时将使用登记证编号标注在特种设备产品铭牌上或者其他可见部位。"

(277) 安全阀或压力表等附件须委托有资质的单位定期校验或检定。

安全附件在《特种设备目录》中的代码为 F000,包括安全阀、爆破片装置、紧急切断阀、气瓶阀门。属于特种设备的安全附件,须依照《中华人民共和国特种设备安全法》、TSG 21—2016《固定式压力容器安全技术监察规程》进行检验检测。

安全阀的检验须遵守 TSG ZF001—2006《安全阀安全技术监察规程》的规定，其中第七条规定："具备条件的安全阀使用单位，可以自行进行安全阀的校验工作。没有校验能力的使用单位，可以委托有安全阀校验资格的检验检测机构进行。进行在用设备检验，安全阀使用单位自行进行安全阀校验时，应当将校验报告提交负责该设备校验的检验检测机构。从事使用中的安全阀的运行维护、拆卸检修、校验工作的人员应当取得特种设备作业人员证。"

TSG 21—2016《固定式压力容器安全技术监察规程》第 7.2.3.3.1 条对安全阀的校验周期要求："一般每年至少检验 1 次，其他符合监察规程延长校验周期条件的可延长相应的周期。"

《实施强制管理的计量器具目录》第 16 项为用于安全防护的压力仪表，有指示类压力表和显示类压力表两种类型，分别是："1. 电站锅炉主汽包和给水压力的测量；2. 固定式空压机风舱及总管压力的测量；3. 发电机、汽轮机油压及机车压力的测量；4. 带报警装置压力的测量；5. 密封增压容器压力的测量；6. 有害、有毒、腐蚀性严重介质压力的测量。"国家对此类压力仪表实施强制周期检定。压力表每半年至少检验 1 次。

13.2.3　压力容器使用管理

（278）设置安全管理机构，配备安全管理负责人、安全管理人员和作业人员，建立各项安全管理制度，制定操作规程。

TSG 21—2016《固定式压力容器安全技术监察规程》第 7.1.1 条规定了使用单位的义务："压力容器使用单位应当按照《特种设备使用管理规则》的有关要求，对压力容器进行使用安全管理，设置安全管理机构，配备安全管理负责人、安全管理人员和作业人员，办理使用登记，建立各项安全管理制度，制定操作规程，并且进行检查。"

TSG 21—2016《固定式压力容器安全技术监察规程》第 7.13 条规定：

压力容器的使用单位，应当在工艺操作规程和岗位操作规程中，明确提出压力容器安全操作要求。操作规程至少包括以下内容：

（1）操作工艺参数（含工作压力、最高或者最低工作温度）；

（2）岗位操作方法（含开、停车的操作程序和注意事项）；

（3）运行中重点检查的项目和部位，运行中可能出现的异常现象和防止措施，以及紧急情况的处置和报告程序。

（279）实验室应经常巡回检查，发现异常及时处理，并做记录。

TSG 21—2016《固定式压力容器安全技术监察规程》第7.1.4条规定："使用单位应当建立压力容器装置巡检制度，并且对压力容器本体及其安全附件、装卸附件、安全保护装置、测量调控装置、附属仪器仪表进行经常性维护保养。对发现的异常情况及时处理并且记录，保证在用压力容器始终处于正常使用状态。"

（280）建立压力容器自行检查制度，对压力容器本体及其安全附件、装卸附件安全保护装置、测量调控装置、附属仪器仪表进行经常性维护保养，每月至少进行 1 次月度检查，每年至少进行 1 次年度检查，并做记录。

TSG 21—2016《固定式压力容器安全技术监察规程》第7.1.5条规定：

容器应定期自行检查。自行检查包括月度检查、年度检查。

7.1.5.1 使用单位每月对所使用的压力容器至少进行 1 次月度检查，并且应当记录检查情况；当年度检查与月度检查时间重合时，可不再进行月度检查。月度检查的内容主要为压力容器本体及其安全附件、装卸附件、安全保护装置、测量调控装置、附属仪器仪表是否完好，各密封面有无泄漏，以及其他异常情况等。

7.1.5.2 使用单位每年对所使用的压力容器至少进行 1 次年度检查，年度检查按照本规程 7.2 的要求进行。年度检查工作完成后，应当进行压力容器使用安全状况分析，并且对年度检查中发现的隐患及时消除。年度检查工作可以由压力容器使用单位安全管理人员组织经过专业培训的作业人员进行，也可以委托有资质的特种设备检验机构进行。

（281）简单压力容器也应建立设备安全管理档案。

TSG 21—2016《固定式压力容器安全技术监察规程》第7.1.11条规定：

7.1.11 简单压力容器和本规程 1.4 范围内压力容器的使用管理专项要求：

简单压力容器和本规程 1.4 范围内压力容器不需要办理使用登记手续，在设计使用年限内不需要进行定期检验，使用单位负责其使用期间的安全管理，并且做好以下工作：

（1）建立设备安全管理档案，进行日常维护保养、定期自行检查并且记录存

档,发现异常情况时,应当及时请特种设备检验机构进行检验;

(2) 达到设计使用年限时应当报废,如需继续使用的,使用单位应当报特种设备检验机构参照本规程第 8 章的有关要求进行检验;

(3) 发生事故时,事故发生单位应当迅速采取有效措施,组织抢救,防止事故扩大,并且按照《特种设备事故报告和调查处理规定》的要求进行报告和处理,不得迟报、谎报或者瞒报事故情况。

实验室中常见的管式反应炉、移动式空气压缩机的储气罐、水处理设备离子交换或过滤柱、正常运行压力小于 0.1 MPa 但瞬时压力可能超过 0.1 MPa 的反应器等,都是带压设备,虽然不用办理特种设备登记手续,但也应建立管理档案,制定严格的操作规程,使用中注意安全。

(282) **盛装可燃、爆炸性气体的压力容器,其电气设施应防爆,电器开关和熔断器都应设置在明显位置。室外放置的大型气罐应注意防雷。**

大多数盛装可燃、爆炸性气体的压力容器属于气瓶类,须遵守 TSG 23—2021《气瓶安全技术规程》的相关要求,按照第 8.6 条的要点进行检查。

盛装危险气体介质,如毒性危害程度为极度、高度危害的化学介质,易爆介质,液化气体的非气瓶类压力容器,按照 TSG 21—2016《固定式压力容器安全技术监察规程》进行管理。其中,安全措施在参考气瓶管理的同时,还应可以参考 GB 50074—2014《石油库设计规范》中"14.1 供配电""14.2 防雷""14.3 防静电"的相关技术条目,电气设备满足 GB 50058—2014《爆炸危险环境电力装置设计规范》的要求,金属储罐符合接地要求,室外放置的大型储罐的防雷设计参考 GB 50057—2010《建筑物防雷设计规范》的要求。

13.2.4 压力容器的使用年限及报废

(283) **达到设计使用年限的压力容器应及时报废(未规定设计使用年限,但是使用超过 20 年的压力容器视为达到使用年限),如若超期使用必须进行检验和安全评估。**

TSG 21—2016《固定式压力容器安全技术监察规程》第 7.1.7 条规定:"达到设计使用年限的压力容器(未规定设计使用年限,但是使用超过 20 年的压力容器视为达到设计使用年限),如果要继续使用,使用单位应当委托有检验资质的特种设备检验机构参照定期检验的有关规定对其进行检验,必要时按照本规程 8.9 的要求进行安全评估(合于使用评价),经过使用单位主要负责人批准后,办理使用登记证书变更,方可继续使用。"

由此可见,超过设计年限并未检验或检验不合格的压力容器应及时进行报废处理。

13.3　场(厂)内专用机动车辆

根据《特种设备目录》,场(厂)内专用机动车辆的代码为 5000,是指除道路交通、农用车辆以外仅在工厂厂区、旅游景区、游乐场所等特定区域使用的专用机动车辆,包括机动工业车辆(如叉车)和非公路用旅游观光车。

13.3.1　场(厂)内专用机动车辆须取得特种设备使用登记证

(284) 校园内使用的专用机动车辆须取得特种设备使用登记证。

TSG 08—2017《特种设备使用管理规则》中"3.1　一般要求"中规定:"特种设备在投入使用前或者投入使用后 30 日内,使用单位应当向所在地的特种设备安全监管部门办理使用登记,取得特种设备使用登记证和场(厂)内专用机动车辆牌照。"第 3.11 条规定:"场(厂)内专用机动车辆的使用单位应当将车牌固定在车辆前后悬挂车牌的部位。"

13.3.2　作业人员取得相应的特种设备安全管理和作业人员证,持证上岗

(285) 作业人员取得相应的特种设备安全管理和作业人员证,证书在有效期内。

TSG 81—2022《场(厂)内专用机动车辆安全技术规程》中"5.1.1　使用单位的基本要求"中(8)规定:"场车作业和专职管理人员须取得相应项目的特种设备安全管理和作业人员证,持证上岗,并且保证每台场车在作业时间均由司机随车操纵。"

《特种设备作业人员监督管理办法》第二十二条规定:"特种设备作业人员证

每 4 年复审 1 次。持证人员应当在复审期届满 3 个月前,向发证部门提出复审申请。对持证人员在 4 年内符合有关安全技术规范规定的不间断作业要求和安全、节能教育培训要求,且无违章操作或者管理等不良记录、未造成事故的,发证部门应当按照有关安全技术规范的规定准予复审合格,并在证书正本上加盖发证部门复审合格章。"

报名条件、考试大纲、发证、复审、证书样式等详细内容见 TSG Z6001—2019《特种设备作业人员考核规则》。

13.3.3　委托有资质的单位进行定期检验

（286）合格证在有效期内。

《特种设备安全监察条例》第二十八条规定:"特种设备使用单位应当按照安全技术规范的定期检验要求,在安全检验合格有效期届满前 1 个月向特种设备检验检测机构提出定期检验要求。检验检测机构接到定期检验要求后,应当按照安全技术规范的要求及时进行安全性能检验和能效测试。未经定期检验或者检验不合格的特种设备,不得继续使用。"

TSG 08—2017《特种设备使用管理规则》的"附件 G　特种设备使用标记"第 4 条规定:"锅炉、固定式压力容器、起重机械使用单位应当将特种设备使用标志或者使用单位盖章（签名确认）的复印件悬挂或者固定在特种设备的显著位置,当无法悬挂或者固定时,可存放在使用单位的安全技术档案中,同时将使用登记证编号标注在特种设备产品铭牌上或者其他可见部位。"

由此可见,应当在车辆定期检验有效期届满 1 个月以前,向特种设备检验机构提出检验申请,并且做好相关准备工作;应将检验合格标志张贴于车辆显著位置。

13.4　加热及制冷装置管理

13.4.1　贮存危险化学品的冰箱满足防爆要求

（287）贮存危险化学品的冰箱应为防爆冰箱或经过防爆改造的冰箱,并在冰箱门上注明是否防爆。

GB 30000.7—2013《化学品分类和标签规范 第7部分：易燃液体》中定义易燃液体为闪点低于93℃的液体。其中表1根据闪点将易燃液体分为以下4个类别：

表1 易燃液体的分类

类别	标准
1	闪点低于23℃且初沸点不高于35℃
2	闪点低于23℃且初沸点高于35℃
3	闪点不低于23℃且不高于60℃
4	闪点高于60℃且不高于93℃

注1：为了某些管理目的，可将闪点范围在55～75℃的燃料油、柴油和民用燃料油视为一特定组。

注2：闪点高于35℃，但不超过60℃的液体如果在联合国《关于危险货物运输的建议书 试验和标准手册》（以下简称《试验和标准手册》）的第32节第Ⅲ部分中L.2持续燃烧性试验中得到否定结果，则可以为了某些管理目的（如运输），将其视为非易燃液体。

注3：为了某些管理目的（如运输），某些黏性易燃液体，如色漆、磁漆、喷漆、清漆、黏合剂和抛光剂可视为一特定组。将这些液体归类为非易燃液体或考虑将这些液体归类为非易燃液体的决定可以根据相关规定或由主管部门做出。

注4：气溶胶不属于易燃液体。

非防爆冰箱启动时可能产生微弱的电火花，此电火花的能量虽低但足够成为可燃蒸气的点火源。冰箱中储存的试剂如有泄漏，就会在冰箱内部形成一定浓度的可燃蒸气，如果此时可燃蒸气浓度达到爆炸下限，就会导致爆炸事故。因此，严禁用非防爆冰箱储存易燃易爆试剂，非防爆冰箱必须拆除可能产生电火花的部件才能用于储存可燃试剂。

其他类别的危险化学品如需低温保存，同样需要了解其闪点数据，才能判断能否放在普通冰箱中，以及放在普通冰箱中的风险高低。

有人理解"防爆冰箱"为如果发生爆炸而不让其爆炸出来，这种理解是不对的。

13.4.2 冰箱内存放的物品须标识明确，试剂必须可靠密封

(288) 标识至少包括：名称、使用人、日期等，并经常清理。

实验室中为所有试剂、试样及时做标识是良好的实验习惯，冰箱内的空间有限，存放的物品更应标识清楚。

冰箱中通常除了需要低温保存、长期存放的试剂以外，还有各类实验样品，在完成实验任务后需要及时清理。每位学生毕业离开实验室前，应将自己所用物品

向实验室管理员做好交接,不再使用的试剂、样品必须及时处理。整洁规范是安全的基本保证。

(289) **实验室冰箱中的试剂瓶螺口拧紧,无开口容器,不得放置非实验用食品、药品。超低温冰箱门上有储物分区标识,置于走廊等区域的超低温冰箱须上锁。**

实验室中严禁饮食,是实验室安全常识。实验室的冰箱不放食品,办公室的冰箱也不准放置试剂、试样。

冰箱内部是个密闭狭小的空间,瓶口盖不严就可能有液体遗洒,而挥发性试剂就会有蒸气聚积,即使没有危险的样品也有可能导致样品变化,因此冰箱内的试剂、试样严格封口更为重要。

13.4.3 冰箱、烘箱、电阻炉的使用满足使用期间和空间等要求

(290) **冰箱不超期使用(一般使用期限控制为 10 年),如超期使用须经审批。**

GB/T 24986.2—2010《家用和类似用途电器可靠性评价方法 第 2 部分:电冰箱(电冰柜)的特殊要求》第 5.1 条指出:"电冰箱的可靠性参数包括:平均首次故障前工作时间(MTTFF)(表 A.1)、平均无故障工作时间(MTBF)(表 B.1)、使用寿命。"

表 A.1 家用电冰箱推荐的 MTTFF 值

产品类别	MTTFF 值/h
冷藏箱	>70000
无霜冷藏箱	>60000
冷藏冷冻箱	>36000
无霜冷藏冷冻箱	>36000
冷冻箱	>70000
无霜冷冻箱	>60000

表 B.1 电冰箱 MTBF 值

产品类别	MTBF 值/h
冷藏箱	>83000
无霜冷藏箱	>78000
冷藏冷冻箱	>78000
无霜冷藏冷冻箱	>75000
冷冻箱	>83000
无霜冷冻箱	>78000

GB/T 24986.2—2010 只给出了冰箱寿命评估方法及数据处理方法，未给出冰箱寿命的具体数值。参考以上数据，可得 80000/24 h/365 天≈10 年。

冰箱低温功能失效可能导致低温储存的化学品变质、瓶压变大，严重者甚至碎裂等风险，所以冰箱超期服役不值得。

（291）冰箱周围留出足够空间，周围不堆放杂物，不影响散热。

冰箱周围如果散热受阻，压缩机就会连续工作，可能造成过热，对冰箱本身不利，且对周围环境造成威胁。应按照冰箱使用说明书的要求，周围留足散热空间，不堆积杂物。

（292）烘箱、电阻炉不超期使用（一般使用期限控制为 12 年），如超期使用须经审批。

烘箱、电阻炉是电气设备，元器件有寿命限制，超期服役可能造成漏电、火灾等失控风险。学校应加强安全管理，对延期使用申请做认真评估和审核。

（293）加热设备应放置在通风干燥处，不直接放置在木桌、木板等易燃物品上，周围有一定的散热空间，设备旁不能放置易燃易爆化学品、气瓶、冰箱、杂物等，应远离配电箱、插座、接线板等设备。

加热设备易产生高温，要与可燃物保持一定的距离；加热设备要放置在通风干燥处，有散热空间，防止过热引起设备损坏和短路；加热设备要与易燃易爆品等保持距离，防止高温引起燃烧或爆炸；加热设备要与电气线路及元器件保持一定的距离，防止高温引起绝缘破坏。

13.4.4　烘箱、电阻炉等加热设备须制定安全操作规程

（294）加热设备周边醒目位置张贴高温警示标志，并有必要的防护措施，张贴有安全操作规程、警示标志。

《中华人民共和国安全生产法》第三十五条规定："生产经营单位应当在有较大危险因素的生产经营场所和有关设施、设备上，设置明显的安全警示标志。"第二十一条规定："生产经营单位的主要负责人对本单位安全生产工作负有下列职责：组织制定并实施本单位安全生产规章制度和操作规程。"可见，加热是最重要的风险类型，安全操作尤其重要。

安全操作规程应要点全面，条理清晰；安全警示标志要在醒目处张贴，随时起

到提醒的作用；要有高温隔离装置；使用高温烘箱、电阻炉时，实验人员应佩戴防护手套，防止烫伤。

（295）烘箱等加热设备内不准烘烤易燃易爆试剂及易燃物品。

烘箱属于明火设备，易燃易爆试剂及易燃品遇热会发生火灾爆炸事故，所以不应在烘箱内烘烤。

使用烘箱的常见错误是将滤干后仍有少量可燃溶剂的样品、纸品、纸质容器、塑料制物品等放在烘箱中烘烤。

（296）不得使用塑料筐等易燃容器盛放实验物品在烘箱等加热设备内烘烤。

燃料筐等易燃容器在高温环境中会熔化，甚至燃烧，不能用来盛放实验物品在烘箱中烘烤。

（297）烘箱使用完毕，清理物品、切断电源，确认其冷却至安全温度后方能离开。

烘箱使用完毕应及时清理物品，切断电源，确保安全，因为烘箱使用完毕，内部温度仍然较高，如周围有可燃性危险源，仍有可能引发火灾，所以应确认其冷却至安全温度后方可离开。

（298）使用电阻炉等明火设备时有人值守。

电阻炉等明火设备高度危险，使用中必须有人值守。建议实验室逐步淘汰明火电阻炉，改用相应功能的加热台。

（299）使用加热设备时，温度较高的实验须有人值守或有实时监控措施。

长时间使用加热设备且温度较高的实验须有人值守，或安装实时监控，一旦发现异常能随时赶到现场处置。

13.4.5　使用明火电炉或者电吹风须有安全防范举措

（300）涉及化学品的实验室不使用明火电炉。如必须使用，须有安全防范措施。

化学类实验室中往往有易燃易爆试剂因瓶盖未旋紧等挥发到空气中，遇到明火可能发生燃爆事故；化学类实验室的加热可以采用密封电炉、电热碗、水浴、油浴、砂浴等；如果不可用其他方式的加热设备，必须使用明火，则需要在保障安全的前提下，向学校管理部门提出申请，办理许可证。

（301）**不使用明火电炉加热易燃易爆试剂**。

加热易燃易爆试剂时，试剂在空气中的浓度很快上升，容易达到爆炸下限，遇明火可能发生燃烧事故；加热时容易出现爆沸现象，可能引发燃烧事故。有时需要对易燃易爆试剂适当加热，可以采用水浴等比较温和的方式。

（302）**明火电炉、电吹风、电热枪等用毕，须及时拔除电源插头**。

明火电炉、电吹风、电热枪等基本没有断电保护功能，所以不用时，须拔除电源插头；经常检查明火电炉、电吹风、电热枪等的开关是否正常，如有故障须及时修理或更换；未使用的电吹风、电热枪，其出风口不要对着试剂、纸张等易燃品。

（303）**不可用纸质、木质等材料自制红外灯烘箱**。

红外灯是发热的，不可以用纸质、木质材料自制烘箱，避免发生燃烧事故；如果要自制红外灯烘箱，其箱体必须是不易燃的材料，如钢板、陶瓷板等，并注意电源线与开关灯要符合相关要求，不得裸露电源接线头等；紫外灯不发热，但自制紫外灯照射箱也应注意安全。

图 13-4 不符合安全要求的自制红外灯箱示例

附录A 主要参考文献

A.1 全国人民代表大会常务委员会

《中华人民共和国安全生产法》(全国人民代表大会常务委员会,2021年修正)

《中华人民共和国消防法》(全国人民代表大会常务委员会,2021年修正)

《中华人民共和国生物安全法》(全国人民代表大会常务委员会,2020)

《中华人民共和国档案法》(全国人民代表大会常务委员会,2020年修订)

《中华人民共和国固体废物污染环境防治法》(全国人民代表大会常务委员会,2020年修订)

《中华人民共和国环境影响评价法》(全国人民代表大会常务委员会,2018年修正)

《中华人民共和国特种设备安全法》(全国人民代表大会常务委员会,2013)

《中华人民共和国传染病防治法》(全国人民代表大会常务委员会,2013年修正)

《中华人民共和国放射性污染防治法》(全国人民代表大会常务委员会,2003)

A.2 国务院

《关于加强科技伦理治理的意见》(中共中央办公厅、国务院办公厅,2022)

《行政事业性国有资产管理条例》(国务院,2021)

《放射性同位素与射线装置安全和防护条例》(国务院,2019年修订)

《易制毒化学品管理条例》(国务院,2018年修订)

《病原微生物实验室生物安全管理条例》(国务院,2018年修订)

《实验动物管理条例》(国务院,2017年修订)

《麻醉药品和精神药品管理条例》(国务院,2016年修订)

《民用爆炸物品安全管理条例》(国务院,2014 年修订)

《危险化学品管理条例》(国务院,2013 年修订)

《党政机关公文处理工作条例》(国务院,2012)

《放射性废物安全管理条例》(国务院,2011)

《医疗废物管理条例》(国务院,2011 年修订)

《中华人民共和国核材料管理条例》(国务院,1987)

《科学技术档案工作条例》(国务院,1980)

A.3　公安部

《易制爆危险化学品治安管理办法》(公安部,2019)

《易制爆危险化学品名录(2017 年版)》(公安部,2017)

《剧毒化学品购买和公路运输许可证件管理办法》(公安部,2005)

《仓库防火安全管理规则》(公安部,1990)

A.4　应急管理部

《推进安全宣传"五进"工作方案》(国务院安委会办公室、应急管理部,2020)

应急管理部关于印发《化工园区安全风险排查治理导则(试行)》和《危险化学品企业安全风险隐患排查治理导则》的通知(应急管理部,2019)

《危险化学品经营许可证管理办法》(国家安全生产监督管理总局(2018 年更名为应急管理部),2015 年修订)

《危险化学品目录(2015 版)》(国家安全生产监督管理总局(2018 年更名为应急管理部)等部门,2015)

《用人单位职业病危害告知与警示标识管理规范》(国家安全监管总局办公厅(2018 年更名为应急管理部),2014)

《国家安全监管总局关于公布第二批重点监管危险化工工艺目录和调整首批重点监管危险化工工艺中部分典型工艺的通知》(国家安全生产监督管理总局(2018 年更名为应急管理部),2013)

《国家安全监管总局关于公布第二批重点监管危险化学品名录的通知》(国家安全生产监督管理总局(2018年更名为应急管理部),2013)

《国家安全监管总局关于公布首批重点监管的危险化学品名录的通知》(国家安全生产监督管理总局(2018年更名为应急管理部),2011)

《国家安全监管总局关于公布首批重点监管的危险化工工艺目录的通知》(国家安全生产监督管理总局(2018年更名为应急管理部),2009)

AQ 3047—2013.化学品作业场所安全警示标志规范[S]

A.5　生态环境部

《危险废物转移管理办法》(生态环境部等部门,2021)

《国家危险废物名录(2021年版)》(生态环境部等部门,2020)

《放射性同位素与射线装置安全许可管理办法》(国家环保总局(2018年更名为生态环境部),2021年修正)

关于发布《射线装置分类》的公告(环境保护部(2018年更名为生态环境部)等部门,2017)

《放射性同位素与射线装置安全和防护管理办法》(环境保护部(2018年更名为生态环境部),2011)

《关于加强放射性同位素与射线装置辐射安全和防护工作的通知》(环境保护部(2018年更名为生态环境部),2008)

《关于γ射线探伤装置的辐射安全要求》(国家环保总局(2018年更名为生态环境部),2007)

《医疗废物专用包装物、容器标准和警示标识规定》(国家环保总局(2018年更名为生态环境部),2003)

HJ 1259—2022.危险废物管理计划和管理台账制定技术导则[S]

HJ 979—2018.电子加速器辐照装置辐射安全和防护[S]

A.6　卫生健康委员会

《医疗废物分类目录(2021年版)》(国家卫健委,2021)

《药品类易制毒化学品管理办法》(卫生部(2018年更名为国家卫健委),2010)

《人间传染的病原微生物菌(毒)种保藏机构管理办法》(卫生部(2018年更名为国家卫健委),2009)

《放射工作人员职业健康管理办法》(卫生部(2018年更名为国家卫健委),2007)

《可感染人类的高致病性病原微生物菌(毒)种或样本运输管理规定》(卫生部(2018年更名为国家卫健委),2005)

《人间传染的病原微生物名录》(卫生部(2018年更名为国家卫健委),2006)

GBZ 158—2003.工作场所职业病危害警示标识[S]

GBZ 98—2020.放射工作人员健康要求及监护规范[S]

GBZ 1—2010.工业企业设计卫生标准[S]

A.7 农业农村部

《动物病原微生物菌(毒)种保藏管理办法》(农业部(2018年更名为农业农村部),2022年修订)

农业部、科学技术部《关于做好实验动物检疫监管工作的通知》(农业部(2018年更名为农业农村部)、科学技术部,2017)

《高致病性动物病原微生物菌(毒)种或者样本运输包装规范》(农业部(2018年更名为农业农村部),2005)

A.8 交通运输部

《危险货物道路运输安全管理办法》(交通运输部等部门,2019)

《道路危险货物运输管理规定》(交通运输部,2019年修正)

A.9 国家药品监督管理局

《麻醉药品品种目录》《精神药品品种目录》(食品药品监管总局(2018年后重

组)等部门,2013)

A.10　国家市场监督管理总局

市场监管总局关于发布《场(厂)内专用机动车辆安全技术规程》的公告(国家市场监督管理总局,2022)

市场监管总局关于调整实施强制管理的计量器具目录的公告(国家市场监督管理总局,2020)

市场监管总局关于发布《特种设备无损检测人员考核规则》《特种设备作业人员考核规则》的公告(国家市场监督管理总局,2019)

国家质检总局关于发布《起重机械定期检验规则》等2个安全技术规范的公告(国家质量监督检验检疫总局(2018年后重组),2016)

《特种设备目录》(国家质量监督检验检疫总局(2018年后重组),2014)

国家质量监督检验检疫总局关于修改《特种设备作业人员监督管理办法》的决定(国家质量监督检验检疫总局(2018年后重组),2011)

GB/T 31523.1—2015.安全信息识别系统　第1部分:标志[S]

TSG D0001—2009.压力管道安全技术监察规程[S]

A.11　工业和信息化部

《关于调整〈民用爆炸物品品名表〉品名的通知》(工业和信息化部、公安部,2022)

HG/T 20711—2019.化工实验室化验室供暖通风与空气调节设计规范[S]

A.12　住房和城乡建设部

GB 55037—2022.建筑防火通用规范[S]

GB 55031—2022.民用建筑通用规范[S]

建标191—2018.普通高等学校建筑面积指标[S]

JGJ 345—2014.公共建筑吊顶工程技术规程[S]

GB 50009—2012.建筑结构荷载规范[S]

A.13 科学技术部

《关于善待实验动物的指导性意见》(科学技术部,2006)

A.14 教育部

《高等学校实验室安全规范》(教育部,2023)

《教育部办公厅关于开展加强高校实验室安全专项行动的通知》(教育部,2021)

《教育系统安全专项整治三年行动实施方案》(教育部,2020)

《教育部关于加强高校实验室安全工作的意见》(教育部,2019)

《教育部关于进一步推进直属高校贯彻落实"三重一大"决策制度的意见》(教育部,2011)

《高等学校消防安全管理规定》(教育部、公安部,2009)

附录B 常用安全标志

B.1 安全状况标志

B.2 指令标志

B.3 禁止标志

附录B 常用安全标志

B.4 警告标志

附录B 常用安全标志

 当心热表面 Warning: Hot surface	 当心触电 Warning: Electricity	 当心低温 Warning: Low temperature/freezing conditions	 当心感染 Warning: Biological hazard
 当心磁场 Warning: Magnetic field	 当心光辐射 Warning: Optical radiation	 当心非电离辐射 Warning: Non-ionizing radiation	 当心放射性物质或电离辐射 Warning: Radioactive material or ionizing radiation
 当心激光 Warning: Laser beam	 当心氧化物 Warning: Oxidizing substance	 当心着火 Warning: Flammable material	 当心高压气瓶 Warning: Pressurized cylinder
 当心爆炸 Warning: Explosive material	 当心有毒 Warning: Toxic material	 当心夹手 Warning: Crushing of hand	 当心腐蚀 Warning: Corrosive substance
 当心锋利部件 Warning: Sharp element	 当心落物 Warning: Falling objects	 当心碰头 Warning: Overhead obstacles	 当心落水 Warning: Falling into water